제3판

청소년 비행 대책론

장석헌 저

박영사

제3판을 내면서

　본서가 초판을 2015년 3월, 개정판을 2019년 8월에 펴낸 이후 이번에 제3판을 펴내게 되었다.

　그동안 '소년심판', '더글로리' 등의 드라마로 인하여 촉법소년의 연령에 관한 논란이 있었다. 촉법소년 연령조정에 대한 여론조사결과, 응답자의 80% 정도가 찬성하는 것으로 나타났고 현행 14세 미만에서 13세 미만으로 하향조정하자는 의견이 지배적이라고 할 수 있다. 이에 대한 찬성론은 전체 청소년인구는 감소하는 반면에 청소년범죄는 증가하는 추세에 있고 촉법소년에 의한 살인범죄 등 강력범죄가 증가하고 있으며, 소년의 신체적 성숙도가 과거 소년법이 제정된 1950년대와 비교하여 훨씬 발달되어 있다는 점을 들 수 있다.

　이에 대한 반대론은 미성년의 전과자를 양산한다는 점, 정신적인 미성숙으로 책임능력이 없다는 점, 국제인권기준의 권고에 위배된다는 점 등이다.

　법무부는 과거 70년간 이어져 온 소년사법제도의 혁신적인 개선이 필요하다는 내용의 소년범죄 종합대책을 발표한 바가 있다. 이에 의하면, 소년법과 관련하여 우범소년에 대한 보호처분의 개선, 감호에 의한 임시조치에 대한 이의제기권 신설, 보호처분 부가처분의 확대, 검사의 결정전 조사를 활성화하자는 것이다. 인프라 확충과 관련하여 소년교도소, 소년원, 소년분류심사원의 기능과 시설을 개선함은 물론, 회복적 사법 등 피해자 입장의 교육을 강화하는 것 등이 주요 내용이라고 할 수 있다.

　그러나 소년범죄를 예방하고 대응하기 위해서는 소년사법제도에서 가장 최일선에 활동하고 있는 경찰의 역할이 가장 중요하다고 생각한다. 그 이유는 경찰은 청소년범죄를 예방하고 있을 뿐만 아니라 범죄소년을 소년사법절차에 개입시키는 활동을 수행하고 있기 때문이다.

이번 제3판은 대규모의 개정작업은 하지 못하고 부분적인 개정을 하였다는 점을 밝혀둔다.

첫째, 논리전개의 일관성을 유지하기 위하여 문맥을 가다듬고 오·탈자를 수정·보완하였다.

둘째, 학교폭력 예방 및 대책에 관한 법률, 아동·청소년 성보호에 관한 법률 등 개정된 법령을 충분히 반영하였다.

셋째, 청소년범죄 및 처우에 관한 통계자료를 최신자료로 업데이트하는 작업을 수행하였다.

본서는 개정판에 이어 제3판의 개정판을 펴내고 있지만, 아직도 부족한 부분이 많은 것으로 판단되어 앞으로 부족한 부분은 충분히 수정·보완할 것을 약속드린다.

마지막으로 제3판 원고를 정리하고 교정을 맡아준 이태린 박사와 송영대 강사, 박사과정 오수정 원생에게 감사의 말씀을 전하며, 아울러 박영사 안상준 대표님과 편집을 담당하신 사윤지 선생님에게도 감사의 말을 전한다.

2023. 8.

순천향에서 저자 씀

개정판을 내면서

최근 본서가 2015년 3월 초판을 펴낸 이후 4년 6개월이라는 기간이 지났다. 그동안 사회적 이목을 집중시킨 인천초등학생 살인사건 등 흉악한 청소년범죄가 발생하여 소년법상의 촉법소년의 연령범위를 하향조정하자는 주장도 있었다. 그러나 논란만 있었을 뿐 이것이 현실화되지는 못하였다. 최근에는 하루가 멀다 하고 조현병으로 인한 범죄가 빈번하게 발생하고 있다. 특히 조현병 범죄자 중 청소년범죄자가 무시 못 할 정도로 많은 비중을 차지하고 있어서 이에 대한 대책이 시급하다고 할 것이다.

2017년의 경우 경찰단계의 소년범죄자 범죄유형별 검거현황을 보면, 전체 소년범죄자는 72,752명 중에서 기타 28,412명, 폭력 21,996명, 절도 20,032명, 강간 1,933명, 강도 243명, 방화 119명으로 나타나고 있어서 폭력과 절도가 많은 비중을 차지하고 있는 실정이다. 또한, 소년범죄자의 재범률은 33%를 차지하고 있는 것으로 나타나 소년범죄자 3명 중 1명이 재범을 저지르는 것으로 나타나고 있다.

이러한 청소년범죄에 대응하기 위하여 경찰단계에서는 범죄예방교육, 명예경찰소년단, 학교전담경찰관, 소년범조사시 전문가 참여제도, 선도심사위원회, 선도프로그램을 시행하고 있다.

청소년범죄에 대응하고 예방하기 위해서는 유해환경 정화활동 등 행정경찰업무와 소년범 처리 등 사법경찰의 역할을 담당하는 소년경찰의 역할이 중요하다고 본다.

이번 개정판의 특징은 네 가지로 설명할 수 있다.

첫째, 논리전개상의 오류를 시정하기 위하여 문맥을 가다듬고 적정한 용어를 선정하는 등 논리전개의 일관성을 강화하였다.

둘째, 청소년 범죄 및 처우와 관련된 통계자료를 최신자료로 업데이트하는 작업을 수행하였다.

셋째, 10장 소년경찰에서 종전의 소년업무처리규칙(경찰청 예규 413호, 2009.11.19.)이 폐지됨에 따라 새로 제정된 소년업무규칙(경찰청 예규 507호, 2016.2.29.)으로 대체하는 작업을 수행하였다.

넷째, 15장 청소년비행 예방프로그램을 추가하여 지금까지 국내외에서 시행한 프로그램을 소개하였다.

본서는 아직도 여러 가지로 부족한 점이 많지만 앞으로 부족한 부분을 점차로 수정·보완할 것을 약속드린다.

마지막으로 개정판 원고를 정리하고 교정을 맡아준 이성애 연구조교와 송영대 조교에게 감사의 말씀을 전하며 아울러 박영사 이영조 부장님에게도 감사의 말씀을 전한다.

2019. 6.

순천향에서 저자 씀

머 리 말

　청소년비행은 청소년인구의 감소로 인하여 양적으로 감소하는 경향이 있으며 질적으로는 폭력화, 집단화, 연소화, 동기없는 범죄 증가, 사이버비행의 증가, 중산층 출신 비행 증가 등의 현상을 나타내고 있다.

　박근혜정부에 들어서면서 경찰은 성폭력, 가정폭력, 학교폭력, 불량식품을 4대 사회악으로 규정하고 근절대책을 추진하고 있다. 특히 청소년비행과 관련하여 가장 심각한 사회악이 소위 학교폭력이라고 할 수 있다. 학교폭력은 1990년대 후반부터 정부에서 대책을 강구하여 시행하여 왔으나 아직까지 근절하지 못하고 있는 실정이다. 특히 어린 시절에 폭력에 노출된 청소년들이 학교시절에 학교폭력에 관여하게 되고 군입대시절에는 가혹행위에 개입하게 됨은 물론 성인이 되어 결혼을 하게 되면 가정폭력을 행사하는 등의 폭력행위의 악순환이 전개되고 있다는 사실을 부인할 수 없는 실정이다.

　이러한 청소년비행은 세계 각국의 공통적인 관심사로 등장하고 있으며, 하나의 일관된 특징으로 청소년은 처벌하기보다는 보호하고 육성해야 한다는 사상이 자리잡고 있다. 즉, 소년범은 성인범과 구분하여 처벌하는 방향으로 나아가고 있다.

　일반적으로 청소년비행을 통제하는 기관은 공식적 통제기관과 비공식적 통제기관으로 나눌 수 있다. 공식적 통제기관은 경찰, 검찰, 법원, 교정기관, 보호관찰기관 등과 같이 법률에 의하여 운영되는 국가기관을 말하며 비공식적 통제기관은 가정, 학교, 지역사회와 같이 관습적으로 생성·조직되어 운영되는 기관을 말한다. 일반적으로 청소년비행을 통제하는 데 있어서는 비공식적 기관의 역할이 중요하다고 할 수 있다. 즉 결손가정의 경우 가정의 기능이 제대로 작동하지 못하기 때문에 청소년비행이 발생하게 되고 이로 인하여 경찰이 개입하게 된다는 점에서 비공식적 기관이 청소년비행에 결정적인 영향을 미친다고 할 수 있다.

이러한 관점에서 이 책은 서론(제1장, 제2장), 원인론(제3장, 제4장, 제5장), 유형론(제6장, 제7장, 제8장), 대책론(제9장, 제10장, 제11장, 제12장, 제13장, 제14장)의 전체 14장으로 구성하였다.

특히 이 책은 청소년과 관련된 법률을 충실하게 반영하였고 청소년비행과 관련된 다른 책과는 달리 대책론 부분을 집중하여 소개하고 설명하였다는 점에서 차별성이 있다고 생각한다. 또한, 이 책은 다년간 강단에서 강의한 자료를 바탕으로 지속적으로 새로운 자료를 업데이트하면서 집필하였다는 점을 밝혀둔다.

마지막으로 이 책이 출간되기까지 수고해 준 박영사 이영조 차장과 한현민 선생님에게 감사드리며, 원고정리와 교정을 맡아준 김현동 조교와 손빛나 조교에게도 감사의 마음을 전한다.

2015. 3.

저자 씀

차 례

제 1 장 청소년과 비행

제 2 장 청소년비행의 연구방법

제 3 장 범죄생물학 이론

제 4 장 범죄심리학 이론

제 **5** 장 범죄사회학 이론

제 7 장 청소년 성매매

제 8 장 사이버공간상의 음란물

제 9 장 소년사법제도

제10장   소년경찰

제11장   보호관찰

제12장 가정환경과 청소년비행

제13장 학교환경과 청소년비행

제14장 지역사회환경과 청소년비행

제15장 청소년비행(범죄) 예방

제 1 장

청소년과 비행

제1장 청소년과 비행

제1절 청소년비행의 개념

1. 청소년과 청소년기의 특성

청소년(Adolescent)이란 라틴어의 adolescere에서 유래한 것으로 성인으로 성장하는 모습, 성숙되어 가는 과정을 의미한다. 즉 청소년이란 청년과 소년의 합성어로 아동이 성인으로 되어가는 중간단계를 말하는 것이다.

청소년기는 생물학적, 심리학적 특성으로 논의할 수 있다. 첫째, 생물학적 관점에서의 청소년기는 성적 발달과 신체적 성숙의 시기이다. 청소년은 사춘기에 접어들면서 신장과 체중이 급격하게 증가하고 제2차 성징이 나타나면서 성호르몬이 분비되어 생식능력과 출산능력을 갖추게 되는 신체적 변화가 발생한다. 그러나 청소년들은 이러한 신체적 변화에 대처하거나 적응하지 못하고 불안해하는 현상을 나타낸다.

둘째, 심리학적 관점에서 청소년들의 신체적 변화는 심리적인 요인에 영향을 미쳐 감정의 변화가 심한 것이 특징이다. 이와 관련하여 홀(G. Stanly

Hall)은 청소년기는 생기와 침체, 감정의 고양과 우울함, 이기주의와 이타주의, 자만과 겸손, 부드러움과 강인함, 호기심과 무관심 등의 감정이 번갈아 발생하는 질풍노도의 시기라고 주장하고 있다.

또한 청소년기는 인간의 발달단계에 있어 자아정체성이 형성되는 결정적 시기로서 아동기에 형성된 자아정체성과 현재의 자아정체성 사이에 동일성이 흔들리게 됨으로써 새로운 정체성을 형성해야 하는 시기라고 볼 수 있다. 심리학자 에릭슨(Erik Erikson)은 자아정체성(ego identity)과 역할혼동(role diffusion)과의 투쟁으로 청소년들은 위기를 경험한다고 주장한다. 자아정체성은 청소년들이 그들은 누구이고 그들이 무엇을 해야 하는가에 확고한 신념을 가질 때 형성된다. 역할혼동은 청소년들이 개인적인 불확실성을 경험하고 스스로 인격을 형성할 수 있는 정체성을 갖지 못하고 주위의 사람들에 의하여 좌우될 때 나타난다. 청소년기는 부모의 통제로부터 독립을 바라는 시기이고, 신체적인 변화와 자율성에 대한 욕망의 측면에서 보면 가정, 학교, 지역사회에서 권위와의 갈등의 시기라고도 할 수 있다.

2. 비행의 개념

일반적으로 비행(Delinquency)이라는 용어와 혼용되는 것으로서 범죄(Crime)와 일탈(Deviance)이라는 용어가 있다. 범죄는 살인, 강도, 절도 등 형사법 위반행위를 의미하는 것이고 비행이란 형사법에 위반하는 행위가 아니지만, 사회적으로 용인되지 않는 행위로서 흡연, 음주, 가출 등 저위험 청소년들이 수시로 개입하는 문제행동을 말한다. 일탈이란 범죄와 같은 법규범 위반행위뿐만 아니라 비행과 같은 도덕규범을 위반행위를 포함한 사회규범 위반행위를 총칭해서 의미하는 것이다.

제2절 | 청소년의 법령상 연령 구분

청소년은 법령상 아동, 미성년자 등과 혼용되고 있는데 구체적인 내용은 〈표 1〉과 같다.

〈표 1〉 청소년 법령상 연령구분

법 률	적용연령	주요내용
청소년기본법	9-24세	청소년의 건전 육성
청소년보호법	19세 미만	유해환경으로부터 청소년보호
소년법	10-19세 미만	비행소년의 사법처리
형법	13세 미만 14세 미만 16세 미만	- 해당연령 청소년간음 또는 추행시 강간, 강제추행에 준하여 처벌 - 형사미성년자 - 혹사행위 금지
아동·청소년성보호에 관한 법률	19세 미만	청소년의 성보호
식품위생법	19세 미만	청소년고용금지 및 청소년주류 제공 금지
공중위생관리법	19세 미만	숙박업, 안마시술소 출입금지
아동복지법	18세 미만	아동보호
사행행위 등 규제 및 처벌 특례법	19세 미만	사행행위장 출입금지 및 정보통신망 이용 사행행위 금지
게임산업진흥에 관한 법률	19세 미만 (2024.1.1. 시행 예정)	청소년의 권익보호 및 출입금지
영화 및 비디오물의 진흥에 관한 법률	18세 미만	
음악산업진흥에 관한 법률		
공연법	18세 미만	청소년 유해관람물 금지
근로기준법	15세 미만 18세 미만	- 취업금지 최저연령 - 보건상 위해업종 취업금지
풍속영업의 규제에 관한 법률	19세 미만	청소년을 유해환경으로부터 보호

제3절 용어의 정리

① **범죄소년**(소년법 제4조 제1항 제1호)

형법법령에 위반된 행위를 한 소년으로 여기서 형법이든 특별법이든 그 종류는 묻지 않으며 형사 책임 능력이 있는 14세 이상 19세 미만의 소년을 말한다.

② **촉법소년**(소년법 제4조 제1항 제2호)

형벌법령에 저촉되는 행위를 한 10세 이상 14세 미만의 소년을 말한다.

③ **우범소년**(소년법 제4조 제1항 제3호)

다음에 해당하는 사유가 있고 그의 성격 또는 환경에 비추어 장래 형벌 법령에 저촉되는 행위를 할 우려가 있는 10세 이상 19세 미만의 소년을 말 한다.

ⓐ 집단적으로 몰려다니며 주위 사람들에게 불안감을 조성하는 성벽이 있는 것

ⓑ 정당한 이유 없이 가출하는 것

ⓒ 술을 마시고 소란을 피우거나 유해환경에 접하는 성벽이 있는 것

④ **불량행위소년**

비행소년은 아니지만 음주·흡연·싸움 기타 자기 또는 타인의 덕성을 해하는 행위를 하는 소년을 말한다.

⑤ **요보호소년**

비행소년은 아니지만 학대·혹사·방임된 소년 또는 보호자로부터 유 기·이탈되었거나 그 보호자가 양육할 수 없는 경우나 기타 「경찰관직무집행 법」 제4조 또는 「아동복지법」에 따른 보호를 필요로 하는 소년을 말한다.

⑥ 피해소년

일본의 소년경찰직무규칙에서는 성인으로부터 범죄피해를 당한 소년을 피해소년으로 규정하고 있는데 앵벌이 소년, 성매매 청소년 등을 말한다.

⑦ 성인복지범

성인복지범이란 청소년의 복지를 침해한 성인을 말하는 것으로 청소년에게 술을 판매한 업주와 청소년에게 담배를 판매한 업주가 이에 해당한다. 성인복지범은 소년법원의 관할로 하는 경우와 관할로 하지 않는 경우가 있으나 우리나라는 소년법원의 관할로 하지 않고 있다.

⑧ 각국의 아동과 청소년 등의 구분

UN은 아동권리협약에 의거 아동은 18세 미만으로 규정하고 있고 우리나라도 1991년 이 협약을 비준함에 따라 국내법인 아동복지법에서 18세 미만을 아동으로 규정하고 있다.

미국은 아동과 청소년에 대한 연령기준이 법령별로 상이한 기준을 제시하고 있다. 아동은 대체로 18세 미만이지만 아동온라인사생활보호법(Children's Online Privacy Protection Act)상 아동은 13세 미만이다. 그러나 청소년정책 조정에 관한 법률(Federal Youth Coordination Act. 2008)에서는 청소년은 24세 미만, 가출청소년법(Runaway and Homeless Youth Act)은 21세 이하로 규정하고 있다.

일본의 경우 청소년이라는 용어보다는 아동, 미성년자, 소년, 연소자 등으로 사용하고 있으며 개별 법률에 따라 각각 다른 연령기준을 정하고 있다. 아동복지법 등에서 아동은 18세 미만으로 규정하고 있으나 민법상의 미성년자, 소년법상 소년, 미성년자음주금지법 및 미성년자흡연금지법상의 미성년자는 20세 미만으로 규정하고 있고 형법상 미성년자는 14세 미만으로 규정하고 있다.

제4절 청소년비행의 원인과 통제

　최근 청소년범죄는 양적으로 매년 증가하는 경향이 있으며 질적으로도 폭력화(강도, 폭력 등), 집단화, 저연령화, 동기없는 범죄의 증가, 결손가정출신의 비행증가, 중산층출신의 비행증가 등의 현상을 나타내고 있다. 이러한 청소년비행은 우리나라뿐만 아니라 세계 각국에서 공통적으로 고민하는 문제로 뚜렷한 해결책은 제시하지 못하고 있다. 그러나 한가지 공통점은 비행청소년에 대하여 형벌을 부과하기보다는 선도하고 보호하려는 것이 각국의 추세라고 할 수 있다.

1. 청소년비행의 원인

　청소년비행이 발생하는 원인은 크게 세 가지로 분류할 수 있다. 첫째, 생물학적 요인에 의하여 청소년들이 비행을 하게 된다는 입장이다. 생물학적 요인은 사람의 외모와 체격 등으로 인하여 선천적으로 태어날 때부터 비행이나 범죄를 저지를 가능성이 있다는 관점과 부모의 범죄성이 자녀에게 유전되었기 때문에 비행이나 범죄를 하게 된다는 관점이 있다. 둘째, 심리학적 요인은 성격이상으로 인한 정신병질론의 관점, 현실과 유리된 채로 생각하거나 행동하는 정신장애의 관점, 지능저하로 인한 지적장애의 관점, 정신이상이 신체생활이나 사회생활에 영향을 미치는 것을 다루는 정신분석의 관점이 있다. 셋째, 사회학적 요인은 하류층 출신자들이 범죄나 비행을 많이 하게 되는 이유를 설명하는 사회구조적 관점과 인간이 태어나서 범죄자나 비행자로 물들어가는 과정을 설명하는 사회화 과정의 관점이 있다.

2. 청소년비행에 대한 통제기관

청소년비행에 대한 통제기관은 경찰, 검찰, 법원, 교정기관, 보호관찰소 등 공식적 통제기관과 가정, 학교, 지역사회 등 비공식적 통제기관이 있다.

1) 공식적 통제기관

(1) 경찰

경찰은 국가경찰 및 자치경찰의 조직 및 운영에 관한 법률 제3조(국가경찰의 임무)와 경찰관직무집행법 제2조(직무의 범위)의 범죄의 예방과 진압 및 수사라는 규정에 의거 소년경찰업무를 수행하고 있다. 소년경찰은 선도활동, 유해환경의 정화 등의 행정경찰활동, 비행소년의 처우 등의 사법경찰활동, 아동복지법과 청소년보호법에 근거한 소년의 복지를 침해하는 성인복지범 단속업무를 수행하고 있다.

(2) 검찰

검찰은 대검찰청 형사부 형사2과에서 소년사건을 담당하고 있으며 고등 검찰청과 지방검찰청의 형사부에서 비행청소년에 관한 업무를 수행하고 있다. 검찰은 우범소년결연사업, 학교담당검사제, 선도조건부 기소유예제도, 보호관찰소 선도위탁 등의 업무를 수행하고 있다.

(3) 소년법원

소년법원이란 가정법원 소년부, 또는 지방법원 소년부와 가정지원을 말한다. 소년법원은 경찰, 검찰, 법원에서 송치된 소년사건에 대하여 비행원인을 조사, 심리하여 보호처분을 결정하고 있다. 소년법원에서는 소년의 성격, 환경, 비행경위, 재비행 여부에 대한 조사관의 의견과 소년분류심사원의 분류심사관의 의견, 기타 관련전문가의 의견을 참고하여 소년에 대한 보호처분을 결정한다.

소년법원이 보호사건을 조사 또는 심리한 결과, 금고 이상의 형에 해당하는 범죄사실이 발견된 경우이거나 그 동기와 죄질이 형사처분을 할 필요가 있다고 인정되거나 사건의 본인이 19세 이상인 경우는 형사법원으로 이송한다.

(4) 소년교도소

소년교도소는 소년범죄자를 성인범죄자와 분리·처우하기 위하여 설치된 기관으로서 현재 김천소년교도소가 그 기능을 담당하고 있다. 징역 또는 금고형 선고를 받은 소년범에 대해서는 소년교도소에 수용함을 원칙으로 하고 일반교도소에 수용하는 경우는 분리된 장소에 수용한다(형의 집행 및 수용자의 처우에 관한 법률 제11조 내지 제13호). 그러나 소년교도소 수용 중에 19세가 된 경우라도 교육프로그램, 직업훈련 등을 실시하기 위하여 특별히 필요하다고 인정되면 23세가 되기 전까지 소년교도소에 계속하여 수용할 수 있다.

(5) 보호관찰소

보호관찰소는 보호관찰, 사회봉사명령, 수강명령, 전자발찌, 약물치료 등에 관련된 업무를 집행하기 위하여 설치된 법무부 산하의 국가기관이다. 법무부의 범죄예방정책국 산하의 보호관찰과에서 보호관찰업무를 담당하고 있다. 그리고 전국에 6개의 고등검찰청 소재지에 보호관찰심사위원회가 설치되어 있고, 18개의 보호관찰소와 38개의 보호관찰지소, 위치추적 중앙관제센터(서울, 대전)가 운영되고 있다. 특히 보호관찰소에서는 청소년들이 범죄로부터 벗어나 건전한 사회인으로 복귀할 수 있도록 지역사회와 연계하여 재범방지 프로그램을 운영하고 있다.

2) 비공식적 통제기관

(1) 가정

가정은 사회의 기초단위로서 태어나면서부터 청소년의 생활에 지속적으로 영향을 미치고 있다. 정상적인 가정의 청소년들이 범죄나 비행을 할 가능성은 거의 없으나 가정의 기능상실로 인한 결손가정, 부도덕가정, 빈곤가정, 갈등가정, 시설가정 등 비정상적인 가정의 청소년들은 범죄자나 비행자가 될 가능성이 있다. 청소년비행을 예방하고 건전한 가정을 유지하기 위해서는 첫째, 부모와 청소년 간의 애정관계가 강화되어야 하고 둘째, 청소년의 능력이나 성격, 적성에 맞지 않는 것을 부모가 강요하여 발생하는 가치관의 갈등을 해소하여야 하며 셋째, 부모의 가정교육이 일관성을 유지해야 하고 청소년이 수긍할 수 있는 가정교육의 기술이 필요하며 넷째, 부모는 교우관계, 외출시간 및 귀가시간, 소비패턴 등에 대하여 청소년에 대한 관심을 가져야 한다. 특히 청소년의 부모가 사회적 지위가 높은 경우 부모의 훈육을 수용하지만, 부모의 사회적 지위가 낮은 경우 청소년은 부모를 멸시하고 부모에게 동조하지 않는 경우도 있다.

(2) 학교

학교는 청소년들이 하루 중 가장 많이 생활하는 공간이다. 학교는 학력위주와 입시위주의 교육을 담당하고 있다. 이러한 교육환경은 청소년들에게 중압감과 좌절감을 안겨주게 되고 학업에 흥미를 느끼지 못하게 할 뿐만 아니라 학업부진은 청소년들이 학교폭력, 왕따, 자살 등 비행을 일으키는 원인이 되고 있다. 특히 학교폭력은 가해학생이 집단화, 연소화 및 흉폭화되고 있어 학교나 경찰이 대응하기 어려운 여건 속에서 지속적으로 발생하고 있다.[1]

(3) 지역사회

경찰은 청소년들을 유해환경으로부터 보호하기 위하여 유해환경정화활동을 수행하고 있으나 이러한 유해환경은 청소년들의 건전한 성장과 육성을 저해하는 요인이 되고 있다. 청소년을 건전하게 육성하고 보호하기 위해서는 지역사회차원에서 청소년 출입제한 구역 지정, 청소년보호육성조례 제정, 건전한 놀이공간의 확보 등의 조치가 이루어져야 한다.

---

1) 경찰청, 4대사회악 근절 추진계획, 2013, p. 5.

3. 결어

청소년은 우리 사회의 거울이고 미래의 기둥이라고 할 수 있다. 청소년
비행이 증가하는 것은 우리의 미래사회가 어둡다는 것을 의미한다. 그러므로
청소년들은 비행에 물들지 않도록 끊임없는 자기관리와 건전한 심성을 계발
하는 것이 중요하다. 청소년들은 한순간의 잘못된 판단으로 비행문화에 빠지
게 되고 비행문화에 빠지게 되면 탈출하는 것은 더욱 어렵다고 할 수 있다.
청소년비행은 환경적 요인이 중요한 영향을 미치지만, 자신의 판단이나 선택
으로 인한 개인적인 요인도 많은 영향을 미친다. 인생은 자기자신들이 개척하
는 것이므로 청소년들의 건전한 판단과 선택이 필요하다고 본다.

제 2 장

청소년비행의 연구방법

제2장 청소년비행의 연구방법

제1절 공식범죄통계의 분석

1. 의의

범죄통계는 범죄의 발생추세를 분석하고 범죄에 영향을 미치는 개인적 요인과 사회적 요인을 분석하는 데 사용된다. 범죄통계는 형법범과 특별법범 으로 구분하여 작성되기도 하고 범죄주체에 따라 여성범죄, 소년범죄 등 범죄주체별로 작성되기도 한다.

2. 청소년범죄통계의 종류

1) 경찰청의 경찰통계연보

경찰통계연보는 소년범 현황, 죄종별 소년범 현황, 원인별 소년범 현황, 학력 및 연령별 소년범 현황, 가족상황 및 생활정도별 소년범 현황, 전과 및 송치의견별 소년범 현황, 청소년보호법 위반사범 단속현황을 매년 작성하여 발표하고 있다.

2) 대검찰청의 범죄분석

범죄분석은 소년범죄자 직업, 전과, 전회처분 상황, 보호처분 상황, 재범기간 및 종류, 공범관계, 범행 시 정신상태, 범행동기, 교육정도, 생활정도, 부모관계, 범행동기와 부모관계, 처분결과 등을 매년 작성하여 발표하고 있다.

3) 한국형사 · 법무정책연구원의 범죄와 형사사법 통계정보

범죄와 형사사법 통계정보(Crime & Criminal Justice Statistics)는 경찰청에서 발간하는 범죄통계, 대검찰청에서 발간하는 범죄분석, 대검찰청에서 발간하는 검찰연감, 법원행정처에서 발간하는 사법연감, 한국형사 · 법무정책연구원에서 작성하는 전국범죄피해조사결과를 중심으로 구축되어 있다.[1]

4) 법무연수원의 범죄백서

범죄백서는 소년범죄에 대하여 양적 현황을 소년형법범, 소년특별법범, 소년강력범, 소년재산범을 통계로 작성하고 있고 질적인 특징으로서 생활정도, 부모관계 등의 가정환경, 학력, 전과, 범죄원인, 여자소년범을 통계로 작성하고 있다.

5) 여성가족부의 청소년백서

청소년백서는 전체 범죄인원 중 소년범죄인원의 구성비율, 소년범죄의 유형별 현황, 연령별 현황, 전과별 현황, 성별 현황을 매년 통계로 작성하고 있다.

---

1) http//www.crimestats.or.kr.

3. 미국의 범죄통계

미국에서 가장 널리 사용되는 범죄통계는 FBI에서 발간하는 종합범죄보고서(Uniform Crime Report, UCR)이다. 이 보고서는 매월 미국전역의 경찰관서가 FBI에 보고하는 범죄통계를 근거로 하여 작성되고 있다. 이 보고서에 작성되는 범죄는 Part I 범죄와 Part II 범죄가 있다. Part I 범죄는 지표범죄(index crime)로서 살인(criminal homicide), 강간(forcible rape), 강도(robbery), 가중폭행(aggravated assault), 침입절도(burglary), 절도(larceny), 자동차절도(motor vehicle theft), 방화(arson)를 말한다.

Part II 범죄는 빈도와 중대성에서 매우 다양한 범죄를 말하며 단순폭행, 사기, 기물파괴에서부터 도박, 매춘, 음주운전, 약물남용 등 21종의 범죄를 포함하고 있다.

1991년 FBI는 UCR에 대체하기 위하여 전국사건기반 보고체계(national incident-based reporting system)를 개발하였고 현재 17,000개의 법집행기관이 NIBRS체제로 보고한다. UCR과 NIBRS의 차이점은 다음과 같다.

UCR은 범죄발생건수와 검거건수를 통계로 작성하여 형사사법실무자, 정책결정자, 연구자들에게 제공하는 반면, NIBRS는 인구학적 정보, 범죄발생 일시 및 장소, 무기사용, 피해자 저항, 범죄자와 피해자의 주거지, 경찰대응시간, 기수와 미수 여부 등 구체적 정보를 제공하고 있다.

4. 범죄통계의 한계

첫째, 시민이 경찰에 신고하지 않는 암수범죄(dark crime)가 많이 발생한다는 점이다. 암수범죄는 경찰 등 수사기관에 신고하지 않아서 공식범죄통계에 포함되지 않는 범죄를 말한다. 신고하지 않는 이유는 경찰을 신뢰하지 않는 경우, 보복이 두려운 경우, 심각한 범죄가 아닌 경우 등이다.

둘째, 경찰이 범죄를 정의하는 데 있어서 오류가 발생할 수 있다는 점이다. 예를 들면, 경찰이 단순절도를 침입절도로 정의하거나 방화를 실화로 정의하는 경우가 이에 해당한다. 또한 피해자가 범죄자에 대하여 기소를 요구하지 않거나 사건이 경찰의 관할이 아니거나, 사건이 현실적인 법을 위반한 범죄가 아니라고 생각할 경우에 오류가 발생할 수 있다.

셋째, 범죄다발지역에서는 사건해결률을 높이기 위하여 경찰이 과잉대응할 수 있다는 점이다.[2] 범죄다발지역(hot spot)은 범죄도 증가하고 경찰력도 집중배치되어 경찰의 감시와 체포의 위험을 증가시켜 과잉대응의 문제가 발생할 수 있다.

제 2 절 설문조사

설문조사(survey research)는 범죄학연구에서 가장 널리 사용하는 방법으로서 특정집단의 사람들의 태도, 경험, 행동을 이해하기 위하여 설문지를 통하여 연구하는 방법이다. 이 방법은 유사한 특성을 공유하는 전체 모집단에서 제한된 수의 연구대상을 선택하는 표집과정을 거쳐 이루어진다. 예를 들면 청소년의 약물남용을 연구하기 위하여 전국 소년원에 수용된 소년약물사범이 1,000명이라면 이 중에서 200명을 표본집단으로 추출하여 설문조사를 한다는 것이다. 이 경우 표본집단에 대한 연구결과는 모집단을 대상으로 일반화할 수 있어야 하고 표본집단이 전체대상의 대표성을 가질 수 있어야 한다.

설문조사의 장점은 정보를 수집하는 데 신속하고 경제적이라는 점과 전수조사가 불가능한 경우에 대신할 수 있다는 점이다. 반면에 단점으로는 대표성있는 표본집단을 선정하는 데 어려움이 있다는 점과 모집단자체가 적을 경우에는 표본조사가 무의미하다는 점이 있다.[3]

---

2) Hugh D. Barlow & David Kauzlarich, Criminology(N.J.: Prentice-Hall, 2001), p. 27.

제 3 절　피해자조사

피해자조사(victim survey)는 과거의 일정기간 동안 특정범죄 피해에 대한 경험이 있는가를 응답자에게 질문하여, 경험했다면 그 피해는 어느 정도이며 그 상황에서 어떻게 대응했는가에 대한 조사를 말한다.4) 이 방법은 피해자들이 경찰에 신고하지 않는 암수범죄를 파악하기 위하여 사용되고 있다. 1966년 법집행과 사법행정에 관한 대통령위원회가 처음으로 10,000가구에 대한 피해자조사를 수행하였고 이것이 전미범죄피해조사(National Crime Victimization Survey, NCVS)로 발전하는 촉매역할을 하였다.

NCVS는 미국연방 인구통계국과 법무성 사법통계국이 공동으로 수행하고 있다. 다단계샘플링기법을 이용하여 가구단위의 샘플링이 추출되고 매년 80,000명 이상의 사람을 포함하여 43,000가구의 샘플로부터 자료가 수집된다. 질문내용은 범죄피해의 빈도, 특성, 결과 등을 조사하게 된다.

이 조사는 강간, 성폭력, 강도, 단순폭력, 절도, 침입절도, 자동차절도 등 피해뿐만 아니라 여성, 노인, 다양한 인종집단 구성원, 도시거주자 등에 대한 조사를 하도록 설계되어 있다. 전체 샘플은 6개월 이전에 당한 범죄피해에 대하여 1년에 2회 조사를 실시한다.

그러나 이러한 피해자조사는 다음과 같은 단점을 가지고 있다.

첫째, 응답자들이 과거의 범죄피해사실에 대한 기억을 되살려야 하는데 사람들의 기억력에 오차가 발생한다는 점이다. 예를 들면, 지갑을 잃어버리고도 절도로 응답하거나 문이 열려 있는 것을 침입절도로 응답할 수 있다.

둘째, 구조화된 질문과 잘 훈련된 조사원에 대하여 응답자들이 의도적으로 조사원을 속일 수 있다는 점이다. 범죄피해사실을 말하여야 하지만 사건에

---

3) 이준형, 조사방법론(서울: 대영문화사, 2006), pp. 241-242.
4) 장준오, 세계범죄피해조사: 한국편, 한국형사정책연구원, 2000, p. 24.

휘말리는 것이 두려워서 모른다고 응답할 수 있다.

셋째, 마약 사용이나 도박 등의 범죄는 피해자가 없고 살인범죄도 역시 피해자가 사망하였기 때문에 피해자조사를 할 수 없다.

반면에 피해자조사는 유용한 정보를 제공한다는 장점도 있다.

연구자들이 폭력, 강도, 강간 등의 피해를 당할 때의 보호적 대책을 강구하거나 범죄자와 피해자와의 관계, 범죄 발생 시간과 장소의 분포, 경찰 대응 시간 등을 파악하는 데 유용한 정보를 제공하고 있다.[5]

제4절 자기보고식 조사

자기보고식 조사(self-report survey)는 참여자에게 과거의 범죄행위에 관한 정보를 보고하게 하는 조사방법이다. 이 방법은 조사대상에 대하여 대량의 질문지를 배포하여 실시하며 익명성과 비밀성을 보장한다는 전제하에 대상자들에게 정확한 범죄행위를 기술하도록 하고 있다. 조사는 대상자의 태도, 가치, 행동뿐만 아니라 약물중독 경력, 가족사 등의 내용을 포함하고 있다.

대부분의 자기보고식 조사는 두 가지 이유로 청소년비행과 범죄에 집중되어 왔다. 첫째, 수천 명의 학생을 대상으로 조사하기 편리한 학교환경이 있다는 점이다. 둘째, 학교출석이 보편화되어 있기 때문에 학교기반의 조사는 지역사회의 횡단적 조사를 가능하게 한다는 점이다.

그러나 자기보고식 조사는 다음과 같은 단점이 지적되고 있다. 첫째, 정확성의 문제로서 대상자들이 과거의 불법행위를 솔직하게 인정하는 것은 어렵다는 것이다. 또한 대상자가 자신의 범죄행위를 과장하거나 잊어버릴 수 있다.

둘째, 자기보고식 조사는 학교에 출석한 정상소년을 대상으로 조사할 가능성이 많고 학교에 결석하거나 시설수용된 비행소년에 대해서는 조사할 수

---

5) Hugh D. Barlow & David Kauzlarich, Criminology(N.J.: Prentice-Hall, 2001), p. 28.

없다는 문제가 있다.

셋째, 성별, 인종별 보고집단에 따라 정확성이 다르게 나타날 수 있다.

이러한 단점을 보완하고 자기보고 자료를 검증하기 위해서 두 가지 기법이 논의되고 있다. 첫째는 비행소년이 더 많은 비행을 보고하는가를 알아보기 위해서 비행소년과 정상소년을 비교하는 것이고 둘째, 대상자 응답의 정직성을 입증할 수 있는 동료정보원을 이용하는 것이다.

제5절 동년배연구

동년배연구(cohort studies)는 유사한 특성을 공유하는 집단을 대상으로 시간의 흐름에 따라 조사하는 연구하는 방법이다. 예를 들면, 한 도시에서 같은 해에 태어난 사람, 같은 해에 고등학교를 졸업한 사람, 같은 해에 체포된 사람을 대상으로 일정기간에 걸쳐서 그들의 생활을 추적하는 것이다.

또한 현시점에서 동년배(cohort)를 선정한 후 과거의 경찰기록, 학교기록, 지역사회기록 등을 수집하여 연구할 수 있는데, 이를 회상적 동년배연구라고 한다.

동년배연구는 매년 경찰기록, 학교기록, 지역사회기록, 부모면담 등을 통하여 소년이 범죄기록이 있는가를 조사한다. 연구자는 조기에 범죄자를 확인하여 그들의 생활을 추적하고 비범죄자와 비교하며 그들이 어떤 과정을 거쳐서 범죄경력을 갖게 되었는가를 파악한다.

그러나 이 연구의 단점은 연구결과를 동년배의 개인을 넘어서 집단에 일반화할 수 없다는 점과 시간과 비용이 많이 소요된다는 점을 들 수 있고 장점으로는 범죄를 설명하는 데 있어서 공식적, 비공식적 통계 외에 유용하다는 점을 들 수 있다.

제6절 사례연구

사례연구(case studies)는 사건을 구체적으로 재구성하거나, 이론을 개발하고 검증하여 범죄를 이해하는 방법을 말한다. 이 방법은 일반적으로 설계상 질적 분석이지만 양적 분석으로 수행할 수 있다. 연구자는 면접과 같은 1차 자료와 정부보고서, 조사자료, 내부메모 등 2차 자료를 사용함으로써 가능한 한 사건에 대한 많은 정보를 수집할 수 있다. 사례연구는 다양한 자료출처를 사용하여 연구의 타당성과 신뢰성을 증가시키고 범죄나 사건이 어떻게, 그리고 왜 발생하였는가에 대해 정확하고 다양한 분석을 제공한다.

사례연구는 특정범죄사건을 중심으로 이루어지고 범죄자의 연령, 성별, 범행동기, 범행장소뿐만 아니라 성장과정, 가정생활, 학교생활, 교우관계 등 범죄자 특성은 물론 피해자의 연령, 성별, 가해자와의 관계 등 피해자의 특성을 분석할 수 있다.

제 3 장

범죄생물학 이론

제3장 범죄생물학 이론

제1절 범죄인류학

1. 초기의 연구

　　범죄인류학이란 범죄자의 외모 및 체격은 범죄와 어떠한 관계가 있는가를 다루는 범죄생물학의 한 분야이다. 범죄인류학 초기의 연구는 갈(Franz Joseph Gall)과 스퍼짜임(Johan Gaspar Spurzheim)의 골상학[1]을 들 수 있다. 골상학이란 두개골의 형태와 크기가 두뇌의 능력과 비례한다는 이론으로, 절도범은 낮은 두뇌능력을 가지고 있는 반면에 사기범이나 횡령범은 높은 두뇌능력을 가지고 있다고 주장한다.

---

1) Rob White & Fiona Haines, Crime and Criminology(London: Oxford, 2000), pp. 43-44.

2. 외모와 범죄

1) 롬브로조 이론

롬브로조(C. Lombroso)는 1876년 범죄인론(The Criminal Man)이라는 저서를 통하여 범죄자들은 정상인과 구별되는 특이한 신체형태를 가지고 있다고 주장했다. 그는 범죄자들을 진화과정에서 세대를 넘어 조상의 신체형이 나타나는 격세유전의 관점에서 설명하고 있다. 예를 들면, 범죄자들은 큰 귀, 불균형적인 이마, 지나치게 긴 팔, 늘어진 턱, 삐뚤어진 코 등의 신체적 특징이 나타난다는 것이다.

롬브로조는 범죄자의 유형을 격세유전적 특징을 가진 생래적 범죄자(born criminal), 간질과 알코올뿐만 아니라 정신박약자, 편집광 등 정신병범죄자(insane criminal), 선천적인 범죄성향이 있더라도 기회가 있을 때 범죄를 저지르는 기회범죄자(occasional criminal), 분노, 사랑, 명예 등으로 범죄를 저지르는 격정범죄자(criminal of passion)로 분류하였다.[2]

그후 롬브로조는 기후, 강우량, 결혼풍습, 법제도, 정부구조, 교회조직 등의 환경적 요인에 대한 관심을 가지게 되었다. 따라서 롬브로조는 범죄의 유전적 요인뿐만 아니라 사회적, 문화적 요인을 포함한 다원적 관점에서 범죄를 설명했다는 것이 주목할 만하다고 할 수 있다.

2) 고링의 롬브로조 이론 반박

영국의 교도소 의사인 고링(Charles B. Goring)은 1913년 영국의 수형자 약 3,000명을 조사하여 비범죄자와의 신체적 차이를 분석하였다. 양집단의 신체부위를 측정한 결과, 범죄자와 비범죄자 사이에 신장과 체중을 제외하고는 아무런 차이가 없었다고 주장하면서 롬브로조 이론을 정면으로 반박하였

---

2) J. Robert Lilly & Francis T. Cullen & Richard A. Ball, Criminological Theory(Cal.: Sage, 1989), pp. 27-28.

다.[3] 고링의 연구로 생래적 범죄인론의 지지기반이 크게 약화되었다. 고링은 범죄자는 아주 왜소하여 생물학적으로 열등하다는 사실을 발견하였다.

3) 후톤의 신체적 열등성

미국 하버드대학의 인류학자인 후톤(E. A. Hooton)은 1939년 고링의 연구 방법을 비판하고 약 17,000명의 범죄자와 비범죄자의 구체적인 신체부위를 측정하고 분석하였다. 범죄자들은 일반인에 비하여 신체의 모든 부위에서 열등하다는 사실을 주장하였다. 이러한 신체적 열등성이 경쟁사회에서 성공적으로 적응하는 데 장애가 되어 범죄를 하게 되는 것이라고 결론을 내렸다.[4] 또한 후톤은 범죄자 가계의 존재를 인정하고 이러한 가계에서 태어난 사람은 단종의 방법으로 대를 잇지 못하게 함으로써 범죄성의 발현을 막아야 한다고 주장하였다.

3. 체격형과 범죄

1) 크레취머의 체격형이론

독일의 정신의학자인 크레취머(Ernest Kretschmer)는 1922년 신체구조와 성격이라는 저서에서 체격형과 기질과의 상관관계를 분석하고 체격형을 분류하여 체격형과 범죄와의 관계를 설명하였다.

크레취머는 독일 스와비아지방에 거주하는 260명의 정신질환자들의 체격형을 비만형(pyknic), 투사형(athletic), 세장형(asthenic), 혼합형(mixed)으로 분류하였다. 비만형은 키가 작고 뚱뚱하며 풍속범죄와 밀접한 관련이 있고 투사형은 근육이 잘 발달되어 있고 폭력범죄와 친숙한 경향을 나타내며 잔혹한 공격성, 격렬한 폭발성을 보이고 있다. 세장형은 키가 크고 날씬하며 소액절

---

3) Rob White & Fiona Haines, Crime and Criminology(London: Oxford, 2000), p. 44.
4) Clive Coleman & Clive Norris, Introducing Criminology(London, Willan Publishing, 2000), p. 27.

도 및 사기범죄와 친숙한 성향을 보이나 살인을 저지르는 자도 많으며 이런
자는 감정이 없고 조심성이 많으며 혼합형은 폭력범죄에도 관여하지만 반도
덕적 범죄를 저지르는 경향이 있다고 주장하였다.

2) 셀돈의 유형학

셀돈(William H. Sheldon)은 1949년 소년들의 체격형을 소화기관, 근육계
통, 신경계통의 상대적인 발달에 근거하여 분류하고 있다. 그는 태아의 형성
과정에서의 개인차로 인하여 범죄와 밀접한 관계가 있는 특이한 체질과 성향
을 형성하게 된다고 주장하였다. 그의 이론은 생물학적 유전과 심리학적 기질
과 사회적 행위 간에 밀접한 관계가 있다는 가정을 하고 있다.

셀돈은 인간의 체격형을 내배엽우월형(endomorph), 외배엽우월형(ectomorph),
중배엽우월형(mesomorph)으로 분류하고 각각 기질에 따라 내장긴장형, 두뇌긴장
형, 신체긴장형으로 분류하고 있다.5) 체격형과 기질형과의 관계는 <표 2>와 같다

범죄자 중에는 중배엽우월형에 속하는 자가 압도적으로 많고 외배엽우
월형은 매우 적은 사실을 확인하였다. 셀돈의 이론은 인간의 체격형과 범죄행
동과는 상관관계가 있다는 것을 암시해주고 있다.

---

5) Jack E. Bynam & William, E. Thompson Juvenile Delinquency: A Sociological Approach
(Boston: Pearson, 2007), p. 96; Rob White & Fiona Haines, Crime and Criminology
(London: Oxford, 2000), pp. 43-44.

〈표 2〉 체격형과 기질형과의 관계

체격형	기질형
내배엽 우월형(비만형) - 소화기관이 발달 - 살이 찐 편 - 전신이 부드럽고 둥근 편 - 소골격형 - 피부는 부드러움	내장긴장형 - 낙천주의 - 부드러운 장식품을 좋아함 - 온순하나 내향적 - 관대한 편 - 가정생활에 충실
중배엽 우월형(투사형) - 근육계통이 발달 - 가슴이 넓고 손목이 큰 편 - 여윈 경우도 사각형의 손목	신체긴장형 - 활동적이고 자기주장형 - 공격적, 모험적 - 권력지향적
외배엽 우월형(세장형) - 신경계통이 발달 - 여위고 섬세한 편 - 골격은 작고 긴 편 - 축 처진 어깨 - 뾰족한 코 - 가는 머리카락	두뇌긴장형 - 태도가 억제적, 내향적 - 항상 신체적 불편을 호소

3) 글륙크 부부의 비행소년 체격형

글륙크(S. & E. T. Glueck) 부부는 1950년 보스톤(Boston)의 소년원에 수용된 비행소년 500명과 무비행소년 500명을 대상으로 체격과 비행과의 관계를 규명하는 연구를 수행한 결과, 비행소년의 체격형은 중배엽우월형이 많다는 것을 발견하였다.[6] 비행소년의 60%, 무비행소년의 31%가 중배엽우월형이었다. 비행소년은 무비행소년에 비하여 좁은 얼굴, 넓은 가슴, 크고 넓은 허리, 긴 팔을 가지고 있는 것으로 밝혀졌다. 즉 중배엽우월형의 신체적, 기질적 특성이 비행을 유발하는 것은 사실이지만 비행행위를 하기 위한 사회적, 환경적 여건이 동시에 상호작용해야 범죄가 발생한다고 주장한다.

---

6) Katherine S. Williams, Textbook on Criminology(London, Blackstone Press, Ltd.: 1994), pp. 119-120.

1. 쌍생아 연구(Identical Twins)

쌍생아 연구는 범죄의 유전적 요인과 환경적 요인의 상대적 영향력을 평가하는 고전적인 방법이다. 범죄가 유전된다면 쌍생아는 공통적인 소질을 가지고 있기 때문에 유사한 행동을 하게 되고 쌍생아는 동일한 가정환경에서 성장하기 때문에 유전되는 것이 아니라 환경적 영향으로 유사한 행동을 할 수 있다는 것이다.

쌍생아는 일란성 쌍생아(identical twins)와 이란성 쌍생아(fraternal twins)가 있다. 일란성 쌍생아는 하나의 난자에서 형성되어 동일한 유전적 소질을 가지게 되고 이란성 쌍생아는 각각 다른 난자에서 형성되어 다른 유전적 소질을 가지게 된다. 신체적 특징에 있어서 일란성 쌍생아는 유사하지만 이란성 쌍생아는 다르다는 점에 차이가 있다. 특히 일란성 쌍생아는 신체적 특징과 행동 패턴에서 일치율을 나타내고 있다. 신체적 특징은 유전적 요인이 작용하여 높은 일치율을 나타내고 있지만 행동패턴에 있어서 일란성 쌍생아의 60%가 유사하였고 이란성 상생아 30% 정도가 유사하였다. 따라서 범죄학에서는 일란성 쌍생아의 일치율이 논의의 대상이 된다.

그리고 일란성 쌍생아가 이란성 쌍생아보다는 자살행위 등의 위험이 높은 것으로 나타났다. 일란성 쌍생아와 이란성 쌍생아의 일치율의 차이는 품행장애, 충동성, 반사회적 행위 등 심리학적 역기능을 측정하는 검사에서 발견되었다.

일란성 쌍생아는 이란성 쌍생아보다 공격성과 언어적 기술들과 같은 범죄수단이 더 일치하는 것으로 나타났다. 즉 아동학대를 당한 일란성 쌍생아는 이란성 쌍생아보다는 후에 반사회적 행위에 종사할 가능성이 더 크다고 할 수 있다.

이러한 사실이 유전적 요인과 비행과의 관계를 지지할지라도 일란성 쌍생아는 이란성 쌍생아보다 신체적 특징 및 행동패턴이 유사한 것은 사실이다. 여기서 유사한 행동패턴은 유전이 아니라 가정 내에서의 환경과 사회화의 결과라고 할 수 있다.

그러나 쌍생아연구는 방법론적 문제점이 제기되고 있다.[7]

첫째, 샘플링 기법상 행동특성이 다른 이란성 쌍생아보다는 행동특성이 유사한 일란성 쌍생아가 선택될 수 있다는 점, 둘째, 일란성 쌍생아는 그들의 유사한 외모 때문에 이란성 쌍생아보다 유사한 환경을 공유하는 경향이 있다는 점, 셋째, 최근 연구자들이 쌍생아의 신체구조적 특성을 증명하기 위하여 생화학적 검사를 채택하였다는 점, 넷째, 측정오차가 과소평가를 증대시킬 수 있다는 점 등이다. 마지막으로 범죄원인에는 유전적인 요인만이 아니라 사회환경적 요인도 작용한다는 점이다.

2. 입양아 연구(Adoption Study)

입양아 연구는 입양아의 실부와 양부 간의 범죄 관계를 검토하는 것이다. 덴마크의 허칭스와 메드닉(Barry Huchings and Sarnoff A. Mednick) 등은 실부와 입양아와의 범죄성이 양부와 입양아의 범죄성보다 더 강한 상관관계가 있다는 사실을 발견하였다.[8] 이러한 사실로 보아 범죄는 실부로부터 입양아에게 유전된다는 것이다. 즉, 범죄자 중에서 입양아를 조사하여 실부가 범죄성이 있었던 경우에 입양아가 범죄자로 되는 비율이 양부의 경우보다 훨씬 높다면 범죄의 유전성을 입증할 수 있다.

---

7) Daniel H. Fishbein, "The Biology of Anti-social Behavior," in John E. Conklin(ed.), New Perspectives in Criminology(M.A.:Allyn and Bacon, 1996), p. 30.
8) Barry Huchings and Sarnoff A. Mednick, Criminality in Adoptees and Their adoptive and Biological Parents: A Pilot Study in Sarnoff Mednick and Karl O. Christiansen(eds.), Biosocial Bases of Criminal Behavior(New York: Gardner Press, 1977), pp. 127-141.

특히 실부가 범죄성이 있고 양부도 범죄성이 있다면 유전적 요인과 환경적 요인이 상호작용하여 입양아의 범죄성이 더욱 높아진다고 할 수 있다.

그러나 이 이론은 두 가지 점에서 비판을 받고 있다. 첫째, 입양아연구에서 유전적인 요인과 마찬가지로 환경적 요인의 중요성도 동시에 작용된다고 할 수 있다는 점과 둘째, 가정적 결함이라는 환경적 요인이 범죄에 상당한 영향을 미치고 있으나 이것을 무시하고 있다는 점이다.

3. XYY염색체 이론

XYY염색체 이론은 염색체 이상이 폭력과 범죄를 촉진한다는 이론이다.[9] X염색체는 여성적이고 수동적인 특징을 나타내고 Y염색체는 남성적이고 공격적인 특징을 나타낸다. 특히 Y염색체는 근육의 발달 등 남성적인 신체적 특징과 함께 가학성, 공격성 등 남성적 기질을 전하는 것이다.

모든 인간은 46개의 염색체를 가지고 있는데 남성의 염색체는 44 + XY로 구성되어 있고 여성의 염색체는 44 + XX로 구성되어 있다. 이 중에서 남성의 성염색체는 XY이고 여성의 성염색체는 XX로 나타난다.[10] 이러한 성염색체가 세포 내에서 구성상태가 기본적으로 잘못되어 있을 때, 사람들의 성격·체격·기질 등에 상당히 특이한 현상이 나타난다는 사실이 최근에 발견되고 있다. 이것이 범죄문제와 관련되어 관심의 대상이 되고 있는 것이다.

남성의 경우에는 XXY, XYY, XXYY, XYYY 등 여러 가지 특이한 염색체를 나타내어 염색체 개수에 이상이 있는 경우가 있다. 여성의 경우도 XXX 또는 XXXX 등 두 개 이상의 성염색체들로 구성되는 경우도 있다.

---

9) Dean John Champion, The Juvenile System(N.J.: Prentice Hall, 2007), p. 102.
10) Jack E. Bynam & William E. Thompson, Juvenile Delinquency: A Sociological Approach (Boston: Pearson, 2007), pp. 104-105.

남성의 성염색체 조합이 XYY인 남성은 남성적인 기질을 나타내는 여분의 Y염색체가 있어서 폭력이나 살인 등의 범죄를 저지를 가능성이 높다. 이 XYY염색체를 가진 경우를 초남성 증후군(supermale syndrome)이라고 부른다.

초남성 증후군의 특징은 ① 신장이 185㎝ 이상의 장신이다 ② 성적으로 조숙하다 ③ 지능이 낮다 ④ 생식기 주위에 이상이 있다 ⑤ 푸른 색깔의 치아를 가진 경우가 있다.

반면에 1939년 의사 터너(S. Turner)는 X염색체가 1개 밖에 없는 45개 염색체의 여성이 있다는 것을 보고하였는데 이를 터너증후군(Turner Syndrome)이라고 한다. 1942년 의사 클라인펠터(Klinefelter)는 XXY 성염색체를 가진 47개 염색체의 남성이 있다는 것을 보고하고, 이를 클라인펠터 증후군(Klinefelter's syndrome)이라고 명명하였다. 클라인펠터 증후군의 증상으로는 고환의 왜소, 무정자증, 가슴의 확대 등의 여성적인 특징이 있고 정신적 능력이 낮고 반사회적 성향을 표출하는 경향이 있다고 주장한다.

이 이론은 다음과 같은 점에서 비판을 받고 있다. XYY염색체를 가지고 있다고 해서 모두 범죄를 저지르는 것은 아니라는 점과 장신이라는 이유 때문에 우위수단으로 공격행동이 습관화되어 심리적으로 공격적인 행동을 할 수도 있다는 점이다.

제4장

범죄심리학 이론

범죄심리학적 이론은 정신병질이론, 정신분석이론, 지적장애이론, 정신장애이론 등이 있다. 정신병질이론은 성격이상과 범죄와의 관계를 다루는 분야이고 정신분석이론은 정신이상으로 인하여 신체생활이나 사회생활에 영향을 미치는 요인을 다루는 분야이다. 지적장애이론은 지능저하와 범죄와의 관계를 다루는 분야이며 정신장애이론은 현실과 괴리된 채로 생각하고 행동하는 증상과 범죄와의 관계를 다루는 분야로 조현병(정신분열증), 우울증 등이 있다.

제1절 정신병질이론

1. 의의

사이코패스(psychopath)는 성격이상으로 범죄 여부와는 관계없이 특정한 행동과 성향을 나타내는 사람을 말한다. 사이코패스는 성격이상으로 범죄를 저지르는 경우도 있지만 현실적인 감각이 있어서 정신이상자라고 할 수 없고 생물학적, 유전적 요인으로 징후가 나타난다고 할 수 있다. 반면에 소시오패스(sociopath)는 적절히 사회화되지 않은 상습범죄자를 말하며 전적으로 초기 경험과 사회적 영향으로 그 징후가 나타난다.[1]

2. 발생원인

1) 유전요인

부모가 사이코패스적 기질이나 성향을 가지고 있으면 그 자녀도 이러한 기질이 유전된다. 2005년 영국의 쌍생아 3,500쌍의 연구에서 사이코패스 유전율은 70% 정도로 보고되었다.

2) 뇌기능 저하요인

사이코패스는 뇌의 전두엽과 편도체의 기능이상으로 발생하는 것으로 알려져 있다. 전두엽은 합리적인 의사결정, 인지적 통찰력, 충동조절, 적절한 행동통제 등 인지적 기능을 담당하고 있고 편도체는 공포, 즐거움, 기쁨, 슬픔 등 감정과 관련된 기능을 담당하고 있다, 사이코패스는 뇌기능의 이상으로 인지능력과 감정조절능력이 부족하고 대신에 분노를 인지하는 데 뛰어난 능력을 보이고 있다.

사이코패스의 전두엽은 일반인의 15% 정도가 기능하고 있고 편도체는 일반인에 비해서 회백질과 백질이 적은 부분을 차지하고 있다.

3) 신경생리학적 요인

사이코패스에게 나타나는 공격성은 세로토닌과 노르아드레날린 등의 분비가 부족하기 때문에 일어나는 것으로 보인다. 세로토닌은 기분을 좋게 하고 안정감과 활력, 행복감을 느끼는 데 관여하여 평화의 전령으로 알려져

---

1) 로버트 D. 헤어 지음, 조은경·황정하 옮김, 진단명: 사이코패스(서울: 바다출판사, 2005), p. 50.

있다. 건강한 사람이 행복감을 느낄 때 뇌에서 세로토닌을 방출한다. 창의적
인 활동을 하면 세로토닌은 증가하고 스트레스를 받고 불쾌감을 느끼면 세
로토닌은 감소한다. 노르아드레날린은 화가 나거나 스트레스를 받을 때 분
비되며 뇌가 외부로부터 위험을 감지하고 그에 대응하기 위하여 공격태세
를 갖추게 된다. 세로토닌과 노르아드레날린은 서로에 대해 상호 억제적으
로 작용한다.[2]

4) 후천적·환경적 요인

모의 임신 중 약물사용과 출산 시의 뇌손상, 어린 시절에 폭력피해를
당하거나 폭력적 환경에 접촉하여 사이코패스가 발생할 수 있다.

3. 행동상의 특징

1) 외모상의 특징

보통 타인에게 친근감이 있고 사교적이며 좋은 느낌과 시원시원한 인상
을 준다.

2) 언어상의 특징

화제가 풍부하고 어떤 사안에 대하여 길게 말하는 경우가 많으나 말의
내용에는 논리적인 비약이 많고 본질적으로는 아무런 내용이 없으며 논리적
인 일관성이 부족한 편이다.

3) 정신적인 특징

과도한 걱정이나 불안, 망상, 환각 등의 정신장애의 징후는 없고 강한
압박이 있는 경우에도 냉정하고 침착하다.

---

2) 함혜현, "청소년비행유발에 있어 신경전달물질에 관한 연구," 한국범죄심리연구, 제7권
   1호, 2011, pp. 231-236.

4) 성격상의 특징

이기심이 많고 다른 사람을 사랑하고 친절하게 대하는 이타심이 결여되어 있다. 그로 인해 친한 친구를 만들지 못하고 남에 대한 애정을 이해하는 데 어려움을 겪고 있다.

5) 감정상의 특징

계획적으로 행동하기보다는 충동적으로 행동하여 범죄를 저지르고, 책임을 지지 않으며 자신의 행위로 인해 타인에게 미치는 부정적인 영향을 고려하지 않는 등 죄책감이 결여되어 있다.

4. 사이코패스의 유형

1) 일차적 사이코패스(primary psychopath)

이 유형은 일반인과 다른 범죄자와 구별할 수 있는 심리학적, 정서적, 인지적 그리고 생물학적 특징을 가지고 있다. 일반적으로 사이코패스는 일차적 사이코패스를 의미한다.

2) 이차적 사이코패스(secondary psychopath)

이 유형은 심각한 정서적인 문제나 내적 갈등을 해소하기 위하여 반사회적인 폭력행위를 일삼는 유형을 말한다. 이 유형은 피에 굶주린 늑대와 같이 대상을 가리지 않고 무차별적으로 사람을 살해하는 경향이 있고 흔히 사이코패스 살인범이라고 한다.

3) 사회부적합형 사이코패스(dyssocial psychopath)

이 유형은 갱집단 등의 하위문화로부터 배운 공격적, 반사회적 행위를 나타내며 행동과 배경이 일차적 사이코패스와 유사성이 조금 있기 때문에 사이코패스라고 오인되고 있다.

5. 청소년과 사이코패스

사이코패스에 관한 연구는 미국을 중심으로 백인 성인 남성을 대상으로 수행되어 왔다. 그러나 소년에게 사이코패스를 적용할 수 있는가에 대해서 논란이 있다.3) 그 이유를 보면, 첫째 성인사이코패스의 특성을 청소년에게도 찾아볼 수 있는가 하는 점, 둘째, 청소년에게 사이코패스라고 낙인을 찍게 되면 재범률이 높을 것이라고 예측할 수 있고, 그런 경우 생물학적, 심리학적 차원의 치료 외에는 다른 대안이 없다는 점, 셋째, 청소년에 대한 사이코패스 평가척도가 소년사법에서 사용되기 위해서는 타당성있는 평가척도가 개발되어야 한다는 점이다.

일반적으로 청소년사이코패스는 생애과정에 걸쳐 행동패턴이 변화하고 일시적이라는 점 때문에 측정하기 어렵다는 문제점이 있고 성인사이코패스의 특징이 정상적인 소년에게서 나타난다는 점에서 연구자들은 청소년사이코패스에 대한 연구를 수행하지 않았다. 즉 청소년들은 냉담하고 자기도취적, 충동적, 자극추구적이고 장기적인 계획을 세우지 않는다는 점에서 성인사이코패스와 거의 유사한 특징을 가지고 있다. 이로 인해서 청소년들의 행동은 분노통제능력, 목표의식, 판단력 등의 부족 등으로 인해서 사이코패스인 것처럼 보인다. 따라서 성인사이코패스의 특징이 청소년에게도 일부 존재한다는 것을 암시하고 있다.4)

---

3) Curt R. Bartol·Anne M. Bartol, Criminal Behavior: A Psychological Approach(New Jersey: Prentice Hall, 2011), pp. 185-189.
4) Curt R. Bartol·Anne M. Bartol, Criminal Behavior: A Psychological Approach(New Jersey: Prentice Hall, 2011), p. 186.

제2절 정신분석이론

1. 의의

정신분석이론이란 뇌기관의 장애로 인한 것이 아니라 심리적 장애로 인하여 정신생활과 신체생활에 영향을 주는 과정을 다루는 심리학적 분야를 말한다. 1896년 프로이드(S. Freud)는 모든 인간은 공격적, 파괴적, 반사회적 충동이나 본능을 가지고 있다고 가정하고 이런 본능은 어린 시절의 잘못된 훈련이나 부모의 무관심, 개인을 효과적으로 통제하지 못함으로써 생기는 것이며, 이를 효과적으로 통제하면 범죄를 통제할 수 있다고 한다.

2. 범죄자의 인격구조

1) 원욕(Id)

이드는 쾌락의 원리에 지배를 받고 있다. 즉, 인간은 고통을 피하고 쾌락을 추구하려는 욕구를 가지고 있다. 이드는 인간의 심리적 실체이고 원초적 주체로서 인격형성의 기초가 되며 유아와 같은 충동적, 비합리적, 반사회적 특성을 가지고 있다. 결국 이드는 사고하지 않고 행동하는 것이다.

2) 자아(Ego)

자아는 현실의 원리에 지배를 받고 있다. 즉 쾌락추구의 적정한 대상이 나타날 때까지 쾌락추구를 유보하는 것을 말한다. 자아는 쾌락추구의 적정한 대상을 찾는 동안 쾌락추구를 유보하는 것이지만 결국에는 쾌락을 추구하게 된다. 자아는 환경과 상호작용한 결과로 나타나는 것이지만 자연적 성숙을 거치는 것이다.

3) 초자아(Superego)

초자아는 도덕률의 원리에 지배를 받고 있으며 이상적, 완전한 것을 지향하며 유아가 부모로부터 선악에 대한 기준을 받아들인 결과로서 형성되는 것이다.

초자아는 자아이상과 양심이라는 두 가지 하위체계로 구성되어 있다. 자아이상은 유아가 부모의 도덕적 선의 기준에 따라 행동할 때 보상을 주는 것을 말하는데 유아가 단정하고 친절한 태도를 보이면 부모가 칭찬을 해주게 되고 칭찬을 받은 유아는 그런 행동을 계속하게 된다. 반대로 양심은 유아가 부모의 도덕적 악의 기준에 따라 행동할 때 처벌하는 것으로 유아가 불결하고 불친절한 태도를 보이면 부모가 꾸중하게 되고 꾸중을 받은 유아는 그런 행동을 단념하거나 중단하게 된다. 따라서 초자아는 부모가 유아에게 사회의 도덕기준을 전달해주는 매개체라고 할 수 있다.

3. 종합

이상과 같이 이드, 자아, 초자아는 서로 구분되는 경계선이 있는 것이 아니고 전체 인격구조 속에서 서로 다른 기능과 작용 등을 나타내는 단순한 구분에 불과하다고 할 수 있다. 이 세 가지 체계가 상호 조화롭게 작용하면 환경에 효과적으로 적응할 수 있으나 그렇지 못할 경우에는 개인은 환경에 적응하지 못하고 범죄자의 길에 접어들게 된다.

제3절 지적장애와 지능성장이론

1. 의의

지적장애5)란 지능지수가 70 이하인 사람으로서 교육을 통한 사회적, 직업적 재활이 가능한 사람을 말한다. 지능은 인생의 새로운 과제에 대한 정신적인 적응능력을 말하며 일반적으로 정신연령/생활연령×100을 지능지수(IQ)라고 한다.

지능검사는 1905년 프랑스의 심리학자 비네(Alfred Binet)가 취학연령에 이른 아동을 대상으로 지적장애아를 가려낼 목적으로 고안했다. 이 검사는 선천적인 지능을 검사하는 것이 아니라 학습불능아와 지적장애아를 구분하기 위한 것이었다.

1914년 독일의 심리학자 윌리암 슈테른(William Stern)은 정신연령을 실제 나이로 나누어 아동뿐만 아니라 성인들의 지능도 평가할 수 있도록 했고 1916년 미국 스탠포드대학의 루이스 터먼(Louis Turman) 교수는 이를 스탠포드-비네방식으로 발전시켰다. 스텐포드-비네검사는 언어능력, 수리능력, 추리력, 공간지각력의 4가지 하위요소로 구성되어 있다. 1983년 가드너(Howard Gardner)는 다중지능이론을 체계화하였는데 언어지능, 논리-수학지능, 시각-공간지능, 음악지능, 신체-운동지능, 자연지능, 대인지능, 자기이해지능의 8가지 요소로 구성되어 있다.

---

5) 과거에는 정신박약 또는 정신지체라는 용어가 사용되었으나 2007년 10월 장애인복지법의 개정으로 지적장애라는 명칭으로 변경되었다(장애인복지법 시행규칙 별표1 참조).

2. 본질이론

미국의 심리학자인 고다드(Henry H. Goddard)는 1920년 미국의 비행소년 중 50% 정도가 지적장애자라고 주장하고 있다. 힐리와 브론너(William Healy & Augusta Bronner)는 1926년 시카고와 보스톤지역의 비행소년의 38%가 지적 장애자라고 주장하고 있다. 그들은 비행소년이 정상소년에 비하여 5~10배 정도가 지적장애자라고 결론을 내렸다. 따라서 시설에 수용된 비행소년의 지 적장애와 일탈행동은 상관관계가 있는 것으로 시사하고 있다. 이러한 관점을 본질이론(nature theory)이라고 한다. 본질이론은 지능은 유전되며 저지능과 범 죄는 상관관계가 존재하는 것으로 이해되고 있다.

3. 지능성장이론

1930년대 나타난 지능성장이론(nurture theory)은 지능이 생물학적으로 유 전되어 저지능의 부모가 저지능의 자녀를 반드시 양산하는 것은 아니라는 것이다. 지능은 생물학적으로 유전되지만 사회학적으로 성장한다는 것이다. 지능성장이론가들은 저지능으로 인하여 범죄를 범한다는 사실을 믿지 않고 부모, 친지, 학교, 동료집단 등으로부터 긍정적인 환경이 있게 되면 아동의 지능지수를 성장시켜 주는 반면에 범죄와 비행을 촉진시키는 부정적인 사회 환경이 낮은 지능지수를 초래한다고 주장하였다. 즉, 긍정적인 환경에 존재하 면 지능지수는 증가하고 비행은 감소하는 반면에 부정적인 환경에 존재하면 지능지수는 저하하고 비행은 증가한다는 것이다. 따라서 저지능이 범죄자들 에게서 나타나면 이것은 범죄자의 정신적인 능력이 아니라 문화적, 환경적 배경이 열악하다는 것을 반영한다는 것이다.[6]

---

6) Larry J. Siegel & Brandon C. Welsh, Juvenile Delinquency(CA: Wadsworth, 2008), pp. 75-76.

4. 비판

그러나 이러한 지적장애이론은 비판이 제기되고 있다. 첫째, 사기, 문서 위조 등 경제범죄는 지능이 높은 자가 많이 범행한다는 점, 둘째, 지적장애자라도 자신의 지능을 보조할 수 있는 변호사, 세무사, 의사 등의 도움을 받아 범행할 수 있다는 점 등이다.

제4절 정신장애이론

1. 의의 및 특징

정신장애(mental disorder)는 뇌 기능에 이상이 있어서 정상적인 사회생활이 어려운 증상을 나타내는 것을 말하며 이런 상태에서는 자아의 인격구조가 손상되어 현실적인 판단이 이루어지지 않고 현실과 유리된 채로 생각하고 행동하며 환상, 환청 등을 경험하게 된다. 이로 인하여 자기나 타인에게 폭력적, 공격적 행동을 하게 된다. 그리고 정신장애는 사람의 사고, 감정, 행동에 영향을 미치는 병적인 정신상태를 의미하는 것으로 지적장애, 정신병질을 포함한 넓은 의미로 사용되고 있다.

2. 유형

1) 조현병

조현병(schizophrenia, 정신분열증)[7]은 망상, 환청, 비조직적 언어와 행동, 긴장행동, 정서적 둔감화 등의 증상과 더불어 사회적 기능에 장애를 일으킬 수 있는 질환이다.[8] 조현병의 증상을 구체적으로 살펴보면, 망상은 현실과 동떨어진 비정상적인 사고와 행동을 계속하는 것을 말하며 자신을 유명인으로 착각하고 그에 따라 행동하는 것이 이에 해당한다. 환청은 즐겁고 재미있는 이야기는 거의 없고 '너를 죽일거야', '그 녀석을 때려라' 등과 같이 기괴하거나 나쁜 행동을 부추기는 명령에 따라 반사회적 행동을 하는 경우를 말한다. 비조직적 언어와 행동은 상대방과 대화주제에 관련된 대화를 하지 않고 논리적으로 비약이나 모순이 많으며 공공장소에서 기이한 행동을 하거나 어린이와 같은 행동을 하는 등 상황과 장소에 맞지 않는 행동을 하기도 한다. 긴장행동은 장시간 움직이지 않고 일정한 자세로 있는 것을 말하며, 정서적 둔감화는 무표정, 무감각, 무관심 등의 부적증상(negative symptom)을 의미한다.

DSM-Ⅳ는 조현병의 유형을 망상형(paranoid type), 긴장형(catatonic type), 비조직형(disorganized type), 미분화형(undifferentiated type), 잔여형(residual type)으로 구분하고 있다. 앞의 세 가지 유형은 조현병의 증상 중에서 어느 것이 더 뚜렷하게 나타나는가를 기초로 구분한 것이고 이 세 가지 유형에 해당하지 않는 것은 미분화형 그리고 어느 정도 증상이 회복되었으나 여전히 잔여증상을 보이는 것을 잔여형으로 구분한다.[9]

---

7) 조현병(調鉉病)이란 용어는 2011년에 정신분열증이란 병명이 사회적인 이질감과 거부감을 불러일으킨다는 이유로, 편견을 없애기 위하여 개명한 것이다. 조현(調鉉)이란 사전적인 의미로 현악기의 줄을 고르다는 뜻으로, 조현병 환자의 모습이 마치 현악기가 정상적으로 조율되지 못했을 때의 모습처럼 혼란스러운 상태를 보이는 것과 같다는 데서 비롯되었다.

8) http://navercast.naver.com/contents.nhn?rid=133&contents_id=6303

9) Curt R. Bartol · Anne M. Bartol저, 장석헌 · 이창한 공역, 범죄심리학(서울: 청목출판사, 2010), p. 207.

망상형은 망상, 환각, 환청 등이 상대적으로 많이 나타내는 증상을 말하는 것으로 범죄행동과 아주 밀접한 관계가 있다. 망상에는 과대망상, 피해망상, 관계망상 등이 있다.

긴장형은 정신운동장애와 행동이상을 보이는 정신병적 상태에서 장기적인 침묵을 한다든가, 다른 사람이 한 말을 앵무새처럼 자주 반복한다든가, 장시간 기이한 자세를 취한다든가, 물건을 던지는 행동을 하는 것을 말한다. 비조직형은 사고나 감정이 비조직화되어 감정의 변화가 없다든지, 사리에 맞지 않는 행동을 한다든지 하는 증상을 나타낸다.

2) 우울증

우울증(depression)[10]이란 의욕을 상실하여 아무것도 하고 싶지 않거나 할 수 없는 무기력한 정신상태를 말한다. 이로 인하여 망상증세를 보이거나 신체증상을 보이며 일상생활의 어려움을 겪고 때로는 자살로 이어지기도 한다.

우울증에 걸리면 우울한 감정과 함께 괜히 슬퍼지거나 불안해지고 무슨 일을 해도 흥미나 즐거움이 없고 잘 웃지도 않게 된다. 잠을 자다가 자주 깨고 식사량이 감소하며 말수가 적어지고 집중력이 떨어진다. 또한 소화불량, 변비, 두통, 성욕감퇴 등의 증상을 나타낸다.

이러한 우울증에 대하여 프로이드는 원인론적 관점에서 개인의 분노가 내면으로 향한 형태라고 설명하고 있으나 융은 결과론적 관점에서 의식에서 이용할 만한 정신에너지의 고갈로서 설명하고 있다. 융에 의하면, 정신에너지가 무의식에서 정체되고 지금까지 돌보지 않은 내면세계가 큰 세력으로 의식을 압박하는 형상이라는 것이다. 이때 우울증에 걸린 사람이 느끼는 절망감, 허무감, 자살관념은 사회규범 등의 현실적인 자아의식이 한계에 도달했다는 것이다.[11]

---

10) 우울증의 어원은 내리누름(to press down)으로 인하여 기가 꺾이다, 낙담하다, 가치를 낮추다, 활동성과 적극성을 저하시키다는 의미를 가지고 있다.

11) ww.christiantoday.co.kr/template/view_print.html?id=250327

제 5 장

범죄사회학 이론

제 5 장 범죄사회학 이론

제 1 절 사회구조이론

　　범죄생물학은 체격이나 유전 등 생물학적 요인과 범죄와의 관계를 설명하고 있고 범죄심리학은 심리학적 요인과 범죄와의 관계를 설명하고 있는 반면에 범죄사회학은 범죄의 원인을 기존법규의 위반이나 새로운 사회규범의 출현이라는 관점에서 설명하고 있다.

　　범죄사회학 이론은 크게 사회의 구조적 모순을 강조하는 사회구조이론과 사회화과정을 강조하는 사회화과정이론으로 분류할 수 있다. 사회구조이론은 우리 사회를 중산층과 하류층으로 구분하고, 특히 하류층 사람들이 범죄행위를 많이 저지르게 되는데 그 원인이 무엇인가를 다루는 분야로서 대표적인 이론은 긴장이론, 비행하위문화이론, 차별적 기회구조이론, 하층계급문화이론 등이 있다. 사회화과정이론은 한 인간이 태어나서 성장과정, 즉 사회화과정에서 범죄자로 동화되어 가는 과정을 설명한 이론으로서 대표적인 이론은 사회학습이론, 사회통제이론, 사회반응이론(낙인이론)을 들 수 있다.

1. 긴장이론(Strain Theory)

1) 주요내용

뒤르켐(E. Durkheim)은 자살론(1951)에서 아노미(Anomie)개념을 최초로 도입하였다. 아노미란 사회의 기본규범이 크게 흔들리고 혼돈된 상태로 무규범 상태를 의미한다. 이러한 아노미개념을 원용하여 머턴(Robert K. Merton)은 범죄의 원인이 되는 아노미의 원인을 자본주의가 크게 발달한 미국사회의 병폐에서 찾았다. 머턴에 의하면, 모든 사람들은 사회적 목표를 가지고 있다. 어떤 사람은 부를 획득하는데 사회적 목표를 두고 있고 어떤 사람은 권력을 획득하는데 사회적 목표를 두고 있고 어떤 사람은 명예를 획득하는데 사회적 목표를 두고 있다. 미국사회에서는 대부분의 사람들은 부를 획득하는 데 사회적 목표를 두고 있으며, 이러한 사회적 목표를 합법적 혹은 불법적으로 달성하는가의 여부를 의미하는 제도화된 수단 간에 따라 개개인의 사회적응양식이 달라진다는 것이다.

다시 말하면 하류층 사람들은 부를 획득하려는 사회적 목표를 가지고 있고 부를 획득하려는 열망은 높지만, 교육수준이 낮아서 부를 획득하는 기회가 제한되어 있어 불법적으로 부를 획득하게 된다는 것이다.

2) 적응양식

머턴은 사회구성원들이 사회적 목표와 제도화된 수단에 대한 수용과 거부에 따라 적응양식을 다음과 같은 다섯 가지로 구분하여 설명하고 있다. 머턴의 아노미이론은 사회적 목표와 그것을 달성하는 제도화된 수단의 수용(+) 또는 거부(-)에 초점을 두어 사회구성원 중에서 상이한 사회적 지위를 가지는 적응양식을 구체적으로 설명하고 있다. 개인의 적응양식을 구체적으로 보면 〈표 3〉과 같다.

<표 3> 개인의 적응양식   (+: 수용, -: 거부)

적응양식	사회적 목표	제도화된 수단
동조형	+	+
개혁형	+	-
의례형	-	+
퇴행형	-	-
반역형	±	±

동조형(conformity)은 사회적 목표와 이런 목표를 달성하기 위한 제도화된 수단 양자를 동시에 수용하는 것을 의미한다. 예를 들면, 부를 획득하려는 사회적 목표를 달성하기 위하여 합법적인 수단을 사용하는 것을 말하며 정상인들이 여기에 해당한다.

개혁형(innovation)은 사회적 목표는 수용하지만 제도화된 수단은 거부하는 것이다. 이런 부류에 속하는 자들은 사회적 목표를 달성하기 위한 합법적인 수단을 준수하기가 매우 어렵기 때문에 불만을 갖거나, 좌절감을 느끼거나 아노미 상태에 몰입하여 불법적인 수단을 통하여 사회적 목표를 달성하려고 한다. 대부분의 범죄자가 여기에 해당하고 일반적으로 재산범죄자가 많다.

의례형(ritualism)은 사회적 목표를 거부하지만 이를 달성하는 제도화된 수단을 수용하는 유형이다. 이 유형은 경제적인 부를 획득하는 사회적 목표를 달성하는 것을 거부하고 제도화된 수단, 즉 법을 묵묵히 준수하면서 생활하는 사람들이며 봉급생활자가 여기에 해당한다.

퇴행형(retreatism)은 사회적 목표와 그 목표를 달성하기 위한 제도화된 수단 모두를 거부하는 유형이다. 이 유형은 현실도피적인 약물중독자, 알코올중독자 등 사회의 밑바닥에 있는 자들의 선택방식으로, 그들이 사회적 목표를 내면화하였다고 할지라도, 그 목표를 달성할 기회가 차단되어 마약중독이나 알코올중독으로 전락하여 제도화된 수단을 거부하는 자들인데 이 유형을 이중실패자(Double Failure)라고도 말한다.

반역형(rebellion)은 사회적 목표와 이를 달성하는 제도화된 수단 모두를 어떤 경우에는 수용하고 어떤 경우에는 거부하는 유형이다. 반역형은 퇴행형과는 달리 사회적 목표를 비밀리에 거부하지 않고 공개적으로 거부하면서 제도화된 수단도 어떤 경우에는 수용하고 어떤 경우에는 거부하는 유형이다. 이러한 유형은 시위 가담자나 정치범에서 찾아볼 수 있다.

3) 비판

긴장이론은 몇 가지 점에서 비판을 받고 있다. 첫째, 머턴의 긴장이론은 사회의 모든 구성원들이 동일한 사회적 목표를 가지고 있다는 가설 위에서 출발하고 있으나 현실은 그렇지 못하다는 점이다.

둘째, 대부분의 사람들이 이 5가지 적응양식을 몇 번쯤은 경험하게 되는데, 왜 특정개인이 어떤 이유에 의하여 한가지의 선택방식에 적응하게 되고 다른 적응방식을 배제하는가를 설명하지 못하고 있다.

셋째, 아노미이론은 부의 획득이라는 사회적 목표를 달성하는 과정에서 범죄를 범한다고 보고 있기 때문에 개인적인 즐거움을 추구하는 청소년 범죄나 비영리적인 목적의 범죄를 설명하지 못하고 있다.

4) 일반긴장이론(General Strain Theory)

머턴의 긴장이론은 하류층 소년들은 사회적 목표를 달성하는 데 제도화된 수단과의 괴리로 인하여 좌절을 느껴서 긴장을 하게 된다고 주장하고 있다. 그러나 애그뉴(Robert Agnew)는 청소년들은 분노, 좌절, 절망감, 우울, 공포 등 부정적 감정을 경험하게 되고 부정적 감정을 해소하기 위하여 비행이나 폭력 등의 반사회적 행위를 하게 된다고 주장하고 있다.[1] 이러한 부정적 감정을 일으키는 원천은 3가지를 들고 있다.

---

1) Larry J. Siegel & Brandon C. Welsh, Juvenile Delinquency(CA: Thompson Learning Inc., 2008), pp. 90-91.

첫째, 목표를 달성하는 데 실패하여 긴장이 발생한다. 청소년들은 부와 명성을 얻기를 열망하지만 이를 달성하는 것은 불가능하다. 이로 인하여 다른 동료와 비교하거나 부모나 교사에 의하여 공정하게 대우받지 못할 때 긴장이 발생한다. 이러한 경우 청소년들은 가출이나 신체적 공격, 기물파괴 등의 행위를 하게 된다.

둘째, 긍정적인 자극이 소멸하여 긴장이 발생한다. 여자친구와 헤어지거나 부모의 이혼 등 청소년의 인생에 있어서 의미있고 긍정적인 영향을 미치는 사람이 사라지면 긴장이 발생한다. 청소년들은 이러한 자극이나 영향을 미치는 데 책임있는 사람에 대하여 복수를 하거나 다른 대체물을 얻는 차원에서 비행을 하게 된다. 예를 들면, 부모의 이혼을 경험한 청소년들은 자신들의 감정적인 욕구를 충족하기 위하여 비행친구를 찾게 되고 그로 인하여 비행기회가 증가하게 된다.

셋째, 부정적인 자극이 출현하여 긴장이 발생한다. 부정적인 자극은 아동학대, 범죄피해, 학교실패, 언어적 위협 등과 같은 고통을 유도하는 사회적 상호작용을 의미한다. 예를 들면 집에서 학대를 당한 소년은 후에 폭력이나 비행행동을 할 수 있다.

따라서 청소년들은 긴장을 유발하는 부정적인 감정의 결과로서 비행을 하게 되고 긴장의 강도와 빈도를 많이 경험하면 할수록 비행에 더 많은 영향을 미치게 된다고 할 수 있다.

2. 비행하위문화이론

1) 내용

코헨(Albert Cohen)은 비행소년(Delinquent Boys, 1955)이라는 저서를 통하여 하류층의 문화 속에서 사회화된 소년들이 중산층의 가치와 규범에 대한 반동으로 그들 특유의 하위문화를 형성한다고 주장하고 있다.

중산층의 가치기준은 야망을 가지고 있거나 학업에 열중하거나, 건전한 놀이문화를 즐긴다든지, 장기적인 계획을 세워 실천에 옮긴다든지 하는 것이다. 그러나 하류층의 소년은 이러한 중산층의 가치관이나 생활방식에 적응하지 못하고 중산층에 대한 반항이나 적대감으로서 각종 범죄나 비행을 하게 된다는 것이다. 즉 사회구조적인 모순으로 인하여 하류층 소년들이 중산층에 대한 적대감이나 증오심을 형성한 결과로서 범죄를 하게 된다는 것이다.

이러한 관점에서 범죄의 대상은 중산층이 되고 이유없는 범죄, 동기없는 범죄가 발생하고 이러한 범죄는 대형범죄로 발전하는 것이 특징이다. 유영철의 중산층 노인을 대상으로 한 범죄가 그 예라고 할 수 있다.

2) 비행하위문화의 특징

비행하위문화의 특징은 비공리성(non-utilitarian), 악의성(malicious), 부정성(negativistic), 단기적 쾌락주의(short-term pleasure)를 들 수 있다. 비공리성이란 비행하위문화의 청소년들이 경제적 이익을 위해서 범죄나 비행을 하기보다는 스릴, 재미와 같은 오락적 동기로 범죄나 비행을 한다는 것이다. 악의성이란 중산층 문화는 예의범절을 중요시하지만, 하류층 청소년들은 예의를 지키지 않고 소외된 자신들의 지위를 회복하려고 한다는 것이다. 부정성은 중산층에서는 올바른 행위가 하위문화에서는 나쁜 행위로 간주하여 가치기준을 전도하는 것을 말한다. 단기적 쾌락주의는 비행하위문화의 소년들은 장기적인 계획을 세워 실천하는 것이 아니라 약물남용 등 일시적, 즉흥적으로 쾌락을 추구한다는 것이다.

3) 평가

이 이론은 몇 가지 점에서 비판을 받고 있다. 첫째, 비행하위문화이론은 하류층 소년이 비행소년이 되는 과정을 설명하기보다는 비행하위문화의 형성원인을 설명하고 있으며, 비행하위문화는 하류층의 소년들이 중류층의 가치관에 의하여 평가될 때 그들이 받는 좌절감에 대한 반응이라는 것을 강조하는 사회구조적 이론이라고 할 수 있다.

둘째, 비행하위문화의 특징 중에서 비공리성을 들고 있는데 청소년비행의 경우 유흥비 조달을 위해서 비행을 하고 있다는 점에서 비판을 받고 있다.

셋째, 이 이론은 하류층 소년들이 비행을 하고 있다고 주장하고 있으나 실제로는 중산층 소년들도 비행을 하고 있다는 점에서 사회계층적 편견을 가지고 있다.

3. 차별적 기회구조이론

1) 내용

클로와드(Richard A. Cloward)와 오린(Lloyd E. Ohlin)은 비행과 기회 (Delinquency and Opportunity, 1960)라는 저서에서 차별적 기회구조이론을 주장하고 있다.

비행소년들은 합법적 기회가 차단되어 있기 때문에 불법적인 수단을 통하여 목표를 추구하려고 할 것이고 이 경우에도 비행소년들은 다양한 불법적 수단을 이용하게 된다는 것이다.

하류층 청소년들의 비행은 관습적 제도로서의 합법적인 기회가 차단되어 야기된 것이지만 비행의 성격 및 종류는 비행에 영향을 미치는 지역사회의 특성에 따라 달라진다는 것이다. 따라서 이 이론은 합법적인 행위에 가담할 기회와 마찬가지로 불법적인 행위를 할 기회도 사회적으로 다양하게 분배되어 있다고 주장한다.

예를 들면 조직적인 범죄활동이 만연하는 지역에서는 불법적인 수단으로 사회적 목표를 달성할 수 있는 기회가 많이 있다. 이런 지역에 거주하는 사람은 다른 지역에 비해 범죄기술을 배우거나 범죄조직에 가담할 기회가 많다.

그러나 조직적인 범죄활동이 없는 지역에서는 범죄기술을 배우거나 범죄조직에 가담할 기회가 제한되어 있다. 이와 같이 불법적인 수단의 분배 여부에 따라서 그 지역의 비행하위문화의 성격 및 비행의 종류도 다르다는 것이다.

2) 비행하위문화의 유형

비행하위문화는 범죄적 하위문화(criminal subculture), 갈등적 하위문화(conflict Subculture), 퇴행적 하위문화(retreatist subculture)로 구분하고 있다. 하위문화의 유형은 〈표 4〉와 같다.

〈표 4〉 하위문화의 유형 　　　　　(+: 수용, -: 거부)

하위문화의 유형	합법적 수단	불법적 수단	폭력허용	적응양식
범죄적 하위문화	-	+		범죄
갈등적 하위문화	-	-	+	폭력
퇴행적 하위문화	-	-	-	퇴행

- **범죄적 하위문화**: 이 하위문화는 범죄를 성공적으로 수행할 수 있는 기술과 지식을 전수하는 문화이며, 청소년들은 성인범죄자의 범죄행위를 전수받거나 모방하게 된다.

- **갈등적 하위문화**: 이 하위문화는 합법적 혹은 불법적 기회 모두가 차단된 지역에서 발생한다. 따라서 이 문화 속의 소년들은 그들이 범죄행위 등을 학습할 수 있는 성공적인 성인범죄역할모델을 찾지 못해 개인적이고 비조직화된 방식으로 폭력을 사용하는데, 그 대부분은 패싸움, 기물 및 재산파괴 등의 형태로 나타난다.

- **퇴행적 하위문화**: 이 하위문화를 형성하는 구성원들은 알코올, 마리화나, 헤로인, 동성애 등에 탐닉한다. 이들은 사기, 약물판매 및 비폭력 범죄로 스스로 필요한 것을 해결하며 퇴행의 진행이 심한 자는 폐인이 되기도 한다.

3) 평가

이 이론은 다음과 같은 평가를 받고 있다. 첫째, 차별적 기회구조이론은 범죄와 비행을 유발하는 매개적인 사회구조적 여건을 지적하고, 범죄발생에 있어서 지역사회의 환경과의 관계를 설명한 것은 범죄이론의 정립에 있어서 하나의 방법론상의 진전이라고 볼 수 있다.

둘째, 이 이론은 하류층 소년들의 범죄나 비행원인을 설명할 수 있지만 중산층 이상의 청소년비행을 설명하지 못한다.

셋째, 이 이론은 비행하위문화를 세 가지로 분류하고 있으나 특정한 유형의 비행이 어떤 하위문화에 의해 유발된 것인가를 구별할 수 없다는 점이다.

4. 하층계급문화이론

1) 내용

밀러(Walter Miller)는 갱비행의 유발환경으로서의 하층계급문화(Lower-class Culture as a Generating Milieu of Gang Delinquency, 1958)라는 저서를 통하여 하층계급문화로 정의되는 독특한 체계를 주장하였다. 우리 사회의 하류층 가정은 가장인 아버지가 부재하고 어머니가 혼자서 생계를 유지하는 가정이며 이러한 가정의 소년들은 남성모델을 찾아서 가정 밖으로 나가게 되는데 가장 적정한 남성모델이 갱집단이라는 것이다. 따라서 갱집단에 소속되어 그들의 독특한 하류층의 문화를 형성하고 다음과 같은 내용에 관심의 초점(Focul Concerns)을 맞추고 있다.

2) 관심의 초점

하류층 청소년들은 다음의 여섯 가지에 지속적으로 관심을 가지고 감정적으로 몰입하고 있는데 이를 관심의 초점(focal concerns)이라고 한다.

말썽거리(trouble): 싸움, 폭력, 음주, 흡연 등과 같은 사건이나 사고를 유발하고 이러한 결과를 회피하려는 일에 많은 관심을 가지고 있다는 것을 의미한다.

억셈(toughness): 부드러운 것을 거부하고 강인하고 대담하며 육체적인 싸움이나 남성다움을 중시한다.

영악함(smartness): 도박, 사기 등으로 다른 사람을 기만하거나 속이고서 자신이 영리하다고 믿는 것을 의미한다.

흥분(excitement): 약물복용, 음주, 성적 모험 등을 통하여 스릴과 흥분을 추구하는 것을 의미한다.

운명주의(fate): 자신은 아무리 노력을 하더라도 사회적 지위가 상승할 수 없다고 깨닫거나 범죄를 저지르고 체포되더라도 재수가 없어서 체포되었다고 생각하는 것을 의미한다.

자율성(autonomy): 교사, 부모, 경찰 등 다른 사람으로부터 간섭받는 것을 싫어하는 것을 의미한다.

3) 평가

이 이론은 하류층 소년이라고 해서 모두 비행에 가담하는 소년이 아니라 건전한 소년소녀가장과 같이 준법시민으로 살아가는 소년에 대해서는 설명하지 못하고 있다.

제 2 절   **사회화과정이론**

1. 사회학습이론

1) 차별적 접촉이론(Differential Association Theory)

(1) 이론의 초점

서덜랜드(E. Sutherland)는 처음으로 범죄학원리(Principles of Criminology, 1939)라는 저서에서 범죄는 다른 사람으로부터 학습된다는 기본 전제로 하는 차별적 접촉이론을 주장하였다. 즉 범죄는 다른 행위와 같이 사회적 상호작용의 산물이라는 것이다.

(2) 기본전제

① **정리** : 범죄행위는 학습의 결과이다. 범죄행위는 유전되는 것이 아니라 다른 사람의 범죄행위를 학습한다는 것이다.

② **정리Ⅱ** : 범죄행위는 다른 사람들과 상호작용(교제, 접촉)을 수행하는 과정에서 의사전달과정을 통해서 학습된다. 즉 범죄행위는 범죄자인 친구와 직접 만나서 일대일 대면접촉을 통하여 학습되는 것이다.

③ **정리Ⅲ** : 범죄행위의 학습대상은 가까운 1차적 집단(가족, 친구, 동료 등)이다. 범죄행위는 가족, 친구, 동료 등 사람으로부터 학습되는 것이고 매스컴 등으로부터 범죄행위를 학습하지 않는다는 것이다.

④ **정리Ⅳ** : 범죄행위가 학습의 결과라고 할 때, 학습의 내용은 ⅰ) 범행의 기술, ⅱ) 범행동기, ⅲ) 합리화, ⅳ) 태도 등을 포함한다. 즉, 이러한 범죄행위의 학습내용은 범행기술, 범행동기, 합리화(범죄행위를 한 후 변명하는 기술), 태도(범행후의 태도) 등에 걸쳐 학습하게 된다는 것이다.

⑤ **정리Ⅴ** : 범행동기와 욕구는 법위반, 즉 범죄에 대한 호의적 또는 거부적 정의들로부터 학습된다. 즉, 범죄행위를 하게 되는 것은 평소에 범죄를 하고 싶은 호기심이나 욕구가 있거나 범죄를 호의적으로 정의를 할 경우에 학습하게 된다는 것이다.

⑥ **정리Ⅵ** : 특정인이 범죄자가 되는 것은 법위반, 즉 범죄를 호의적으로 해석하는 정의들과의 접촉이 거부적으로 해석하는 정의들과의 접촉을 능가하기 때문이다.

⑦ **정리Ⅶ** : 범죄호의적 정의와의 접촉이 빈도(frequency), 기간(duration), 우선순위(priority), 강도(intensity)의 면에서 범죄거부적 정의와의 접촉을 능가하면 준법행위의 가능성보다 범죄행위를 할 가능성이 크다. 여기서 빈도란 범죄자인 친구와 자주 접촉한다는 것을 의미하고 기간이란 범죄자인 친구와 오랫동안 접촉하는 것을 의미하며 우선순위란 범죄자인 친구와 얼마나 일찍 접촉하는지를 의미하고 강도란 권위있는 사람을 의미하는 것으로 범죄자인

아버지와 접촉한다는 의미한다.

⑧ **정리Ⅷ**: 범죄행위의 학습과정은 일상생활 속에서 이루어지는 다른 여타 행위의 학습과정과 동일한 메커니즘을 거친다. 즉, 범죄행위를 학습하는 과정은 학생들이 학교에서 학습하는 과정과 동일한 과정을 거친다는 것을 의미한다.

⑨ **정리Ⅸ**: 범죄행위가 일반적 욕구와 가치관의 표현이기는 하지만 일반적 욕구와 가치관만으로는 범죄를 제대로 설명할 수 없다. 그 이유는 준법행위라는 것도 따지고 보면 동일한 욕구와 가치관의 표현이기 때문이다. 즉 절도범죄자가 경제적인 욕구나 가치로 인하여 재물을 훔치는 것과 마찬가지로 직장인이 직장생활을 하는 것도 경제적인 욕구나 가치 때문에 직장생활을 하게 된다는 점에서 범죄행위나 정상적인 행위는 경제적인 욕구 때문에 이러한 행위를 하게 된다는 것이다.

(3) 평가

① **차별적 반응의 미해결**

차별적 접촉이론은 차별적 반응의 문제를 해결하지 못하고 있다. 즉 A와 B의 두 사람이 같은 환경하에서 범죄행위를 학습했는데도 A는 범죄를 실행하고 B는 범죄를 실행하지 않았다면 개인 간에 다르게 반응하므로 이러한 문제를 설명할 수 없다는 것이다.

② **논리전개상의 오류**

접촉의 빈도는 범죄자인 친구와 자주 접촉하면 할수록 범죄행위를 학습할 가능성이 많다는 것인데 실제로 범죄자와 접촉하는 사람들은 경찰, 검사, 교정공무원 등이라고 할 수 있다. 그런데 왜 이런 사람들은 범죄행위를 하지 않느냐 하는 점에서 비판을 받고 있다. 그 이유는 이런 사람들은 법준수시민과 자주 접촉함으로써 상대적으로 균형을 유지하기 때문이다.

③ **변수 측정의 곤란성**

이 이론은 개념이 모호하고 관념적, 추상적이어서 과학적인 방법으로 검증하기 어렵기 때문에 변수를 선정하거나 측정하기 곤란하다고 할 수 있다.

④ 적용범위의 제한성

장기간 학습을 통해서 범죄행위를 하는 범죄자도 있지만 순간적으로 범행하는 격정범이나 우연한 기회에 범행하는 기회범에 대해서는 적용하기 어렵다는 문제가 있다.

2) 차별적 동일시이론(Differential Identification Theory)

(1) 내용

서덜랜드(Sutherland)는 학습대상이 가족, 친구, 동료 등 1차적인 집단이라고 주장한 반면에 글레이져(Daniel Glaser)는 학습대상이 이러한 1차적인 집단이 아니라 원거리의 대상물, 즉 영화, 소설 등 주인공의 범죄행위를 내면화하여 학습하게 된다고 주장하고 있다. 따라서 차별적 동일시이론은 비대면적 상호작용으로 인하여 주관적으로 범죄행위를 내면화하여 범죄행위를 학습하게 되고 어떤 특정지역 내에서의 대면적 상호작용만이 범죄행위에 영향을 미치는 것은 아니라고 주장한다.

(2) 평가

이 이론은 서덜랜드 이론에서 문제가 되는 학습대상을 보완할 수 있는 이론이지만 개인이 어떻게 해서 범죄적 모델에 더 끌리게 되고 비범죄적 모델에 끌리지 않게 되는가 하는 문제를 해명하지 못하였다는 비판을 받고 있다.

3) 자기관념의 이론(Self-concept theory)

(1) 내용

이 이론은 레크리스(W. Reckless)와 디니츠(S. Dinitz)가 주장한 이론으로 비행지역에 살면서 비행을 저지르지 않는 소년들에 관한 연구를 근거로 하여 차별적 접촉이론의 비판 중에서 차별적 반응의 문제를 해결하고자 나타난 이론이다.

동일한 비행지역에 거주하면서도 비행을 저지르지 않는 소년은 평소에 비행에 대한 부정적인 관념과 저항력을 가지고 있기 때문이고, 반대로 같은 비행지역에 거주하면서도 비행을 저지르는 소년은 비행에 대한 긍정적인 관념과 친화력을 가지고 있기 때문이라고 주장한다.

(2) 평가

이 이론은 자기관념이 어떻게 형성되고, 자기관념은 상황에 따라 변하지 않는 것인가 등의 문제를 해결하지 못하고 있다.

4) 사회학습이론(Social Learning Theory)

(1) 내용

에이커스(Ronald L. Akers)는 차별적 접촉이론이 개념들을 측정하기 어려운 정신적인 현상을 설명하고 있고 범죄행위를 학습하는 과정을 모호하게 설명하고 있다고 주장하면서 관념적, 정신적 관점에서 개념화할 것이 아니라 행동주의적 관점에서 개념화한다면, 더 견고한 이론적 토대 위에서 차별적 접촉이론을 설득력 있게 정립할 수 있을 것이라고 주장하였다.

에이커스는 학습은 동조적 그리고 범죄적 행동과 정의에 대한 노출의 결과로 보고 있다. 범죄행동은 동조적 행동과 다르지 않고 두 가지 행동은 사회학습이론에 의해 설명될 수 있다. 에이커스는 행동을 형성하는 데 도움을 주는 4가지 주요 요소를 제시하고 있다.

① 차별적 접촉(differential association)

② 정의(definition)

③ 차별적 강화(differential reinforcement)

④ 모방(imitation)

차별적 접촉은 사회적 상호작용의 과정을 통하여 법위반에 대한 우호적 혹은 비우호적 정의를 포함하여 서덜랜드에 의해 구체화된 과정을 말한다.

정의는 상황의 합리성과 옳고 그름의 평가를 포함하여 자신의 태도를 적용하는 것을 말한다. 차별적 강화는 구체적 행동에 종사한 예상되는 결과로 이루어진다.

조작적 조건이론(operant conditioning theory)에 의하면, 행동은 보상과 처벌에 대한 반응이라고 한다. 어떤 행동에 따른 보상이 증가하고 처벌이 감소하면 그 행동을 하는 빈도는 증가한다. 그리고 어떤 행동에 따른 보상이 감소하고 처벌이 증가하면 그 행동을 하는 빈도는 감소한다는 것이다. 따라서 범죄나 일탈행동에 따른 보상이 증가하고 처벌이 감소함에 따라 범죄나 일탈행동을 하는 빈도는 증가하게 된다.

모방은 학습과정에 관계없이 독립적으로 이루어진다. 어떤 경우는 행동의 관찰된 결과가 모방행동을 가져올 수 있다.

(2) 평가

차별적 접촉이론은 범죄행위는 학습의 결과로서 발생한다고 주장하고 있지만 에이커스는 범죄행위는 보상과 처벌을 계산하고 처벌보다는 보상이 많을 때 발생하게 된다고 주장하고 있다는 점에서 범죄원인을 새로운 관점에서 설명하고 있다.

2. 사회통제이론

1) 제지이론(Containment Theory)

레클리스(W. Reckless)는 인간행동을 규율하고 범죄를 통제하는 형태는 바로 내적 통제(inner containment)와 외적 통제(outer containment)라고 주장하고 있다.

내적 통제는 사람들이 내면화한 사회적 규칙 혹은 규범에 관한 것이다. 내면화된 규칙들은 행동을 통제하게 되고 사람들이 이런 규칙들과 일치된 행동을 할 때 자신에 대한 만족감을 경험하는 반면, 이런 규칙들과 모순된 행동을 했을 때는 죄의식, 자책 및 자기비판 등을 하게 된다.

외적 통제는 범죄자나 일탈자로 인정됨으로써 받게 되는 사회적 처벌 때문에 발생하는 기대되었던 사회적 보상의 상실을 말한다. 예를 들어, 범죄자나 일탈자로 인정된 사람들은 직업을 상실하게 되고 가족 및 친구로부터의 존경을 잃게 될 뿐만 아니라(기대되었던 보상의 상실) 벌금이 부과되고 교도소에 수감된다.

2) 중화기술이론(Neutralization Technique Theory)

(1) 의의

사이크스(Greham M.Sykes)와 맛짜(David Matza)는 중화기술이론을 주장하고 있다. 중화기술이란 자신은 비록 범죄행위를 하였지만, 자신의 범죄행위가 도덕적으로 문제가 없는 정당한 행위로 합리화시키는 기술을 말한다.

(2) 중화기술의 유형

범죄자들은 자신들의 범죄행위를 정당화하기 위하여 중화기술을 잘 터득하고 있으며, 범죄자들이 범죄행위의 정당성을 주장하기 위해 흔히 내세우는 기술유형에는 다음 5가지가 있다.

① 책임의 부정(denial of responsibility)

자신의 범죄행위는 자신의 의지로는 어쩔 수 없는 외부의 강압적인 힘에 의하여 발생한 것이므로 자신에게는 아무런 책임이 없다고 주장하는 것이다.

② 피해발생의 부인(denial of injury)

자신은 비록 범죄행위를 하였지만 실제로는 아무런 피해도 발생하지 않았으므로 자신의 행위는 정당하다고 주장하는 것이다.

③ 비난자의 비난(condemnation of condemners)

자신의 범죄행위에 대하여 제재를 가하려는 사람들(부모, 교사, 경찰관)이 더 추악하고 타락해 있다고 주장하는 것이다.

④ 피해자의 부인(denial of victim)

자신의 범죄행위는 마땅히 제재를 받아야 할 사람에게 행해진 것이므로 자신의 행위는 정당하다고 주장하는 것이다. 예를 들면 성도착증에 걸린 남성에 의하여 성폭력을 당한 여성이 그 남성을 살해하였다면 그 여성은 그런 남성은 이 세상에서 사라져야 될 사람이라고 주장하는 것이다.

⑤ 충성심의 표출(appeal to higher loyalties)

자신은 비록 범죄행위를 하였지만 친구, 가족, 직장 등에 대한 충성심에서 범죄를 저질렀으므로 정당하다고 주장하는 비판이 있다.

(3) 비판

이 이론은 중화기술을 터득하여 범죄를 저지른 사람과 그렇지 않은 사람의 차이는 어디에 있는가 하는 명제를 해결하지 못하였다는 것이다.

3) Hirschi의 사회결속이론(Social Bond Theory)

(1) 의의

허쉬(Travis Hirschi)는 비행의 원인(Causes of Delinquency, 1969)이라는 저서에서 왜 소년들은 범죄행위를 하게 되는가를 규명하기보다는 왜 소년들은 범죄행위를 하지 않는가에 관한 해답을 찾으려고 했다. 소년들이 범죄행위를 하게 되는 것은 사회결속이 약화되었거나 단절되었기 때문이고 소년들이 범죄행위를 하지 않는 것은 사회결속이 강화되었기 때문이라고 한다.

(2) 사회결속의 4가지 요소

① 신념(belief): 법규범이 어느 정도 내면화되었는가에 관한 것이다. 즉 경찰관의 법집행이 공정하다고 믿으면 믿을수록 사회결속은 잘되고 범죄는 통제될 수 있다는 것이다.

② 전념(commitment): 법준수에 대한 사회적 보상에 사람들이 어느 정도 관심을 가지고 있느냐에 관한 것이다. 즉 사업가는 사업에 전념하고 학생은 학업에 전념하게 되면 법규범을 위반할 가능성은 낮고 사회적 보상을 받게

된다는 것이다.

③ 애착(attachment): 가정과 학교에 관한 애착이 강하면 강할수록 소속감이 강하게 작용하여 그로 인한 범죄통제가 가능하다는 것이다.

④ 참여(involvement): 사람들이 얼마나 많은 시간을 건전한 놀이 등 관습적 활동을 위해 보내는가에 관한 것이다. 관습적 활동에 관여하는 사람들은 범죄를 저지를 시간적인 여유가 상대적으로 없다는 것이다.

신념은 내적 통제에 관련된 것이고, 애착, 전념 및 관여는 외적 통제에 관한 것이다. 관습적 신념은 내적 통제(동조에 따른 개인적 만족과 규범위반에 따른 개인적 불만족)를 증가시킨다. 그리고 애착, 전념 및 관여는 외적 통제(동조에 따른 사회적 보상과 규범위반에 따른 처벌)를 증대시킨다.

사회적 결속의 정도는 개인에 따라 다양한 변화가 있으며, 사회적 결속력의 정도가 강하면 강할수록 범죄에 저항력이 크다고 한다. 따라서 범죄자들은 사회적 결속력이 비교적 약하기 때문에 범죄에 대한 저항력이 약하여 범죄행위를 하게 된다고 할 수 있다.

4) 범죄일반이론(General Theory of Crime)

(1) 내용

갓프레드슨(D. C. Gottfredson)과 허쉬(T. Hirschi)는 약물, 갱집단 등의 비행기회와 충동성, 위험추구 등의 낮은 자아통제력(low self-control)이 상호작용한 결과로서 비행이 발생한다고 주장하고 있다.[2] 비행기회는 개인이 비행을 할 수 있는 상황적 환경이 갖추어진 것을 의미하는 것이고 낮은 자아통제력은 개인이 순간의 유혹에 취약한 정도를 의미하는 것이다.

이 이론은 특정한 문화, 성, 연령, 환경에만 적용되는 것이 아니라 모든 범죄와 시대에도 적용된다고 해서 범죄일반이론이라고 한다. 이 이론에 의하면 비효과적인 자녀교육이 낮은 자아통제력을 야기하게 되기 때문에 부모는

---

2) Clemens Bartollas, Juvenile Delinquency(Boston: Pearson, 2006), pp. 153-154.

자녀에 대하여 애착을 가지거나 밀착감시하거나 비행행위를 처벌함으로써 자아통제를 발달시킬 수 있다는 것이다. 그러나 높은 자아통제가 아동기에 형성된다면, 일생을 통하여 안정적이고 정상적인 삶을 영위할 수 있다.

(2) 평가

범죄일반이론은 비행집단의 자기보고식 비행에서 발전된 이론으로서 비행의 원인을 가정 내 아동초기의 사회화 및 생활방식에서 찾고자 했다는 점에서 합리적 선택이론과 범죄사회학이론과 밀접한 관련이 있다. 또한 이 이론은 다차원적 특성으로 인하여 다차원적·통합적 범죄이론의 연구에 시발점이 되었다고 할 수 있다. 그러나 이 이론은 개념적 명료성이 부족하다는 비판을 받고 있다.

3. 사회반응이론

1) 의의

사회반응이론은 전통적인 범죄이론과는 다른 관점에서 특정 개인이 범죄자가 되는 것은 실제로 범죄행위를 했기 때문에 범죄자가 되는 것이 아니라 주위의 사람들이 범죄자 또는 전과자로 규정하거나 낙인을 찍었기 때문에 범죄자가 된다는 이론으로 낙인이론(Labelling Theory)이라고도 한다.

이 이론은 사회구조보다는 사회화 과정에, 그리고 사회의 거시적 차원보다는 미시적 차원(사회심리학적 차원)에 관심을 집중시키고 있으므로 사회적 낙인으로 인한 결과에 주목하고 있다. 이 이론은 특정형태의 규범위반은 공식적 낙인을 야기시키고, 이 결과로서 자아낙인을 강화시켜 2차적 일탈행동으로 고착되는 과정을 설명하고 있다. 여기서 일탈이란 사회규범을 벗어난 행위를 의미하는 것으로 범죄행위, 비행행위 등이 여기에 포함된다.

2) 대표적 학자의 견해

(1) 레머트의 사회적 낙인으로서의 비행

레머트(E. Lemert)는 사회병리학(social pathology, 1951)이라는 저서에서 1차적 일탈과 2차적 일탈이란 용어를 사용하여 일탈행위를 설명하고 있다.

1차적 일탈이란 일시적인 것이며 다양한 사회적, 문화적, 심리적, 생리적 요인으로부터 야기되는 일탈행위라고 할 수 있다. 이것은 개인의 자아에 대한 태도와 사회적 역할에 변화를 초래할 만큼 대단한 것은 아니다. 예를 들면 청소년들이 상점 등에서 재미로 물건을 훔치는 행위가 1차적 일탈행위라고 할 수 있다.

2차적 일탈이란 1차적 일탈에 대한 사회적 반응에 의해 생성된 문제들을 방어하고 공격하거나 그러한 문제에 적응하기 위한 수단으로써 나타난 일탈행위라고 할 수 있다. 2차적 일탈은 장기간 지속되고 행위자의 정체성이나 사회적 역할에 중요한 영향을 미치고 있다. 상점절도를 한 청소년들이 경찰에 체포된 후 또다시 상점절도를 하는 것이 대표적인 예이다. 이 경우, 체포라는 사회적 반응에 대한 반발로서 발생한 것이므로 2차적 일탈이라고 할 수 있다.

레머트는 특히 2차적 일탈에 관심을 두었으며, 1차적 일탈이 반드시 2차적 일탈을 일으키는 것은 아니라고 주장한다. 그러나 1차적 일탈에 대한 부정적 사회반응과 그 결과로 인한 경제적 기회의 상실, 관습적 사회관계의 강화 등은 개인으로 하여금 자신의 태도와 사회적인 역할에 대한 상징적 재조직화와 부정적 자아관념에 의한 행위를 촉진시켜 직업적 범죄자가 된다고 주장하고 있다.

(2) 베커의 사회적 지위로서의 비행

베커(H. Becker)는 국외자(Outsider, 1963)라는 저서를 통해서 일탈을 '사회적 지위'라는 용어를 사용하여 설명하고 있다. 일탈자라는 낙인은 그 사람의 지위를 대변하는 주지위가 되어 낙인이 후속적인 일탈을 낳는 과정이라고 강조한다. 예를 들면, 40대의 남성이 가정에서는 가장이라는 지위를 가지고 있고 회사에서는 사원이라는 지위를 가지고 있으며 모임에서는 회원이라는 지위를 가지고 있지만 일단 일탈행위를 하게 되면 범죄자나 전과자라는 사회적 주지위를 가지게 된다는 것이다.

일탈자로 낙인이 찍히게 되면, 사회적 상호작용에 악영향을 미친다는 점에서, 다른 지위를 능가하기 때문에 주지위로서의 기능을 갖게 되고 이 주지위를 획득한 자는 사회적 상호작용구조에 퇴행을 가져와 직업적 범죄행위에 탐닉하게 된다고 주장하고 있다.

따라서 일탈자란 낙인이 성공적으로 적용된 자이며, 일탈행위란 사회가 그렇게 이름을 붙인 행위로서, 사회집단은 집단규범의 위반을 일탈로 간주하는 법을 제정함으로써 일탈자를 창조하고, 이 규정을 특정인에게 적용함으로써 국외자로 낙인찍힌다.

(3) 슈르의 자아관념으로서의 비행

슈르(E. Schur)는 일탈행위의 낙인(labeling deviant behavior, 1972)이라는 저서를 통해서 규범위반을 하였다고 바로 일탈자로 낙인되는 것은 아니며 낙인이 이루어졌더라도 2차적 일탈자로 되는 과정이 단계적으로 진행되지 않는다고 주장하고 있다. 일탈자가 되는 과정은 시간이 걸려서 이루어진 협상과 같은 것이며, 이러한 협상의 성공 여부가 자아낙인에 영향을 미쳐 2차적 일탈을 일으킨다고 주장한다.

따라서 슈르는 사회적 상호작용에 제한을 가하는 외적 규제를 강조하기보다는, 심리적 협상과정에서 실패하여 본인 스스로 찍는 자아낙인 또는 자기관념을 강조하여 2차적 일탈은 일탈적 자아관념들의 표출이라고 하였다.

(4) 세프의 정신병으로서의 비행

세프(Thomas Scheff)는 정신병(Being Mentally Ill)이라는 저서에서 일시적 혹은 다발적 이상행동을 하게 되면 정신병자로 오인되어 낙인찍히게 되며, 이러한 낙인은 사회적 거부와 고립을 경험하게 한다고 한다. 사회적 거부와 고립은 고정관념 때문에 정신병자 역할에 사회가 보상을 하게 되고 관습적 생활로의 복귀를 방해하며 사회적 상호작용의 외적규제를 받아 상호작용구조에 퇴행을 초래하게 한다. 이러한 퇴행은 심리적 위기감과 스트레스나 긴장상태를 강화시키므로 이에 대해 개인은 자신의 사회관계를 재조직하고, 정신병자 역할의 수용으로 2차적 일탈인 정신병으로 고착된다고 주장하고 있다.

3) 비판

첫째, 낙인이론은 동성연애, 약물사용, 소년비행, 마리화나 흡연 등의 경미한 범죄를 설명하는 데 적용할 수 있지만, 살인, 강도, 강간 등의 중대한 범죄를 설명하는 데 한계가 있다.

둘째, 낙인이론가들은 일탈자들에 대하여 사회가 심하게 비난하기 때문에 사회적 피해자라는 편견을 가지고 이론을 전개하고 있다는 점이다.

셋째, 2차적 일탈에 초점을 두고 있기 때문에 1차적 일탈을 경시하고 있다.

넷째, 낙인이론에 암시되어 있는 인과관계모델에 대한 설명이 부족하다는 점이다. 즉 일탈행위를 했기 때문에 낙인이 찍히게 되는가, 아니면 낙인이 찍혔기 때문에 일탈행위를 하게 되는가라는 문제에 대해서 명쾌하게 설명하지 못하고 있다.

다섯째, 낙인이론은 경찰, 검찰, 등 공식적 통제기관의 낙인을 강조하고 가정, 학교 등의 비공식적 통제기관의 낙인을 경시하고 있다.

여섯째, 사람들은 낙인효과 때문에 일탈을 선택하는 것은 아니라 생활방식으로 일탈을 선택한다는 점이다.

4) 낙인방지를 위한 범죄통제방안(5D정책)

낙인방지를 위한 범죄통제방안은 비범죄화, 전환제도, 법의 적정절차, 비형벌화, 비시설화를 들 수 있다.

① 비범죄화(Decriminalization)

비범죄화란 지금까지 범죄로 처벌될 수 있는 행위를 범죄로 처벌하지 않는 것을 말하며 형벌을 부과하는 대신에 과태료 등 행정벌을 부과하는 것을 포함하는 개념이다. 비범죄화의 대상범죄는 성매매, 약물사용, 단순도박, 간통 등이 있다. 비범죄화의 형태는 사실상의 비범죄화, 재판상의 비범죄화, 입법상의 비범죄화가 있다.

사실상의 비범죄화는 형벌법규는 존재하지만 수사기관이 범죄사건을 해당 형벌법규를 적용하지 않아서 사실상 범죄로 되지 않는 것을 말하며 그 원인은 형벌법규와 국민의 법감정이 괴리되어 있는 경우, 사회변동으로 처벌 필요성이 없는데도 폐지되지 않는 경우 등을 들 수 있다.

재판상의 비범죄화는 법원의 재판을 통한 비범죄화를 말하며 판례를 변경하여 종래의 처벌되었던 행위를 처벌하지 않는 것을 내용을 한다. 입법상의 비범죄화는 법률의 폐지나 개정을 통해 범죄였던 행위를 범죄로 되지 않게 하는 것을 말하며, 우리나라의 간통죄 폐지가 이에 해당한다.

② 전환제도(Diversion)

범죄자를 형사절차에 개입시키는 것이 아니라 형사절차에 개입시키지 않고 지역사회에서 상담, 치료, 교육 등을 해야 한다는 것이다. 예를 들면 마약중독자를 처벌하기보다는 지역사회의 정신병원이나 마약치료센터 등에 수용하여 치료하는 것을 말한다.

③ 법의 적정절차(Due Process of Law)

경찰이 범죄자를 고문하여 자백을 받아낸다면 불법적인 절차를 통하여 범죄자로 낙인찍게 되므로 법의 적정절차를 유지함으로써 범죄자라는 낙인을 방지할 수 있다는 것이다.

④ 비형벌화(Depenalization)

범죄자에 대하여 전통적인 구금형을 통하여 처벌할 것이 아니라 형의 선고유예, 형의 집행유예 등 비구금형을 부과해야 한다는 것이다.

⑤ 비시설화(Deinstitutionalization)

범죄자를 교도소 등 시설 내에서 처우를 할 것이 아니라 사회 내에서 처우해야 한다는 것이다. 예를 들면, 보호관찰, 사회봉사명령, 수강명령 등을 집행해야 한다는 것이다.

제 6 장

청소년 약물남용

제6장 청소년 약물남용

제1절 의 의

　　약물(drug)이란 식품 이외의 물질로서 그 화학적 성질에 의하여 생명체의 구조 및 기능에 영향을 미쳐서 신체적, 정신적 변화를 일으키는 물질을 말한다. 마약류란 중추신경계에 작용하여 중추신경을 고양시키거나 억제하는 약물 중에서 신체적 의존성이나 정신적인 의존성이 있는 물질을 말하며 일반적으로 마약, 향정신성의약품, 대마를 총칭하는 것이다. 그러나 약물과 마약류는 국제적으로 동일한 의미로 사용되고 있다.

　　세계보건기구(WHO)에 의하면 마약류는 약물사용에 관한 욕구가 억제할 수 없을 정도로 강하고(의존성), 약물사용의 양이 증가하는 경향이 있으며(내성), 약물중독자가 약물사용을 갑자기 중단하면 신체적, 정신적 불안감, 초조감 등을 느끼며(금단증상), 개인뿐만 아니라 사회에도 해악을 끼치는 약물로 정의하고 있다.

이러한 약물은 진통제, 마취제 등 의료용으로 사용되어야 하지만 의사의 처방을 따르지 않고 임의로 사용하거나 처방된 약을 지시대로 사용하지 않아 이를 오용하는가 하면, 약물을 행복감이나 쾌락을 느끼기 위해 비의학적으로 사용하여 남용의 문제가 발생하고 있다.

제2절 약물의 종류

청소년보호법 제2조 4호는 청소년유해약물로서 ① 「주세법」에 따른 주류 ② 「담배사업법」에 따른 담배 ③ 「마약류 관리에 관한 법률」에 따른 마약류 ④ 「화학물질관리법」에 따른 환각물질 ⑤ 그 밖에 중추신경에 작용하여 습관성, 중독성, 내성 등을 유발하여 인체에 유해하게 작용할 수 있는 약물을 규정하고 있다.

1. 주세법에 따른 주류

주류란 ① 주정(酒精)(희석하여 음료로 할 수 있는 에틸알코올을 말하며, 불순물이 포함되어 있어서 직접 음료로 할 수는 없으나 정제하면 음료로 할 수 있는 조주정(粗酒精)을 포함한다)과 ② 알코올분 1도 이상의 음료(용해(鎔解)하여 음료로 할 수 있는 가루상태인 것을 포함하되, 「약사법」에 따른 의약품 및 조미식품으로서 대통령령이 정하는 것은 제외한다)를 말한다.

2. 담배사업법에 따른 담배

담배란 연초(煙草)의 잎을 원료의 전부 또는 일부로 하여 피우거나, 빨거나, 증기로 흡입하거나, 씹거나, 냄새 맡기에 적합한 상태로 제조한 것을 말하며 저발화성 담배란 담배에 불을 붙인 후 피우지 아니하고 일정시간 이상 방치할 경우 저절로 불이 꺼지는 기능을 가진 담배를 말한다.

3. 마약류관리에 관한 법률상의 마약류

마약류란 마약·향정신성의약품 및 대마를 말한다. 마약은 양귀비, 아편, 코카잎 등이 있다.

① 양귀비란 양귀비과(科)의 파파베르 솜니페룸 엘(Papaver somniferum L) 또는 파파베르 세티게름 디시(Papaver setigerum DC) 또는 파파베르 브락테아툼 (Papaver bracteatum)을 말한다.

② 아편은 양귀비의 액즙(液汁)이 응결(凝結)된 것과 이를 가공한 것으로 의약품으로 가공한 것은 제외한다.

③ 코카잎은 코카 관목의 잎을 말하며 엑고닌·코카인 및 엑고닌 알칼로 이드 성분이 모두 제거된 잎은 제외한다.

④ 양귀비, 아편 또는 코카잎에서 추출되는 모든 알카로이드 및 그와 동일한 화학적 합성품으로서 대통령령으로 정하는 것

⑤ 위에 열거된 것 외에 그와 동일하게 남용되거나 해독(害毒)작용을 일 으킬 우려가 있는 화학적 합성품으로서 대통령령으로 정하는 것

⑥ 그리고 위에 열거된 것을 함유하는 혼합물질 또는 혼합제제 등이다.

향정신성의약품이란 인간의 중추신경계에 작용하는 것으로서 이를 오용 하거나 남용할 경우 인체에 심각한 위해가 있다고 인정되는 다음의 어느 하 나에 해당하는 것으로서 대통령령으로 정하는 것을 말한다.

① 오용하거나 남용할 우려가 심하고 의료용으로 쓰이지 아니하며 안전 성이 결여되어 있는 것으로서 이를 오용하거나 남용할 경우 심한 신체적 또 는 정신적 의존성을 일으키는 약물 또는 이를 함유하는 물질,

② 오용하거나 남용할 우려가 심하고 매우 제한된 의료용으로만 쓰이는 것으로서 이를 오용하거나 남용할 경우 심한 신체적 또는 정신적 의존성을 일으키는 약물 또는 이를 함유하는 물질,

③ ①, ②에 규정된 것보다 오용하거나 남용할 우려가 상대적으로 적고 의료용으로 쓰이는 것으로서 이를 오용하거나 남용할 경우 그리 심하지 아니한 신체적 의존성을 일으키거나 심한 정신적 의존성을 일으키는 약물 또는 이를 함유하는 물질,

④ ③에 규정된 것보다 오용하거나 남용할 우려가 상대적으로 적고 의료용으로 쓰이는 것으로서 이를 오용하거나 남용할 경우 신체적 또는 정신적 의존성을 일으킬 우려가 적은 약물 또는 이를 함유하는 물질,

⑤ ①-④까지에 열거된 것을 함유하는 혼합물질 또는 혼합제제 등이다.

대마란 대마초[칸나비스 사티바 엘(Cannabis sativa L)]와 그 수지(樹脂) 및 대마초 또는 그 수지를 원료로 하여 제조된 모든 제품을 말한다. 다만, 대마초의 종자·뿌리 및 성숙한 대마초의 줄기와 그 제품은 제외한다.

4. 「화학물질관리법」에 따른 환각물질

화학물질관리법 제22조(환각물질의 흡입 등의 금지)에서 ① 누구든지 흥분·환각 또는 마취의 작용을 일으키는 화학물질로서 대통령령으로 정하는 물질(이하 "환각물질"이라 한다)을 섭취 또는 흡입하거나 이러한 목적으로 소지하여서는 아니 된다. ② 누구든지 환각물질을 섭취하거나 흡입하려는 사람에게 그 사실을 알면서도 이를 판매하거나 제공하여서는 아니 된다.

5. 기타 약물

그 밖에 중추신경에 작용하여 습관성, 중독성, 내성 등을 유발하여 인체에 유해하게 작용할 수 있는 약물 등 청소년의 사용을 제한하지 아니하면 청소년의 심신을 심각하게 손상시킬 우려가 있는 약물로서 대통령령으로 정하는 기준에 따라 관계 기관의 의견을 들어 청소년보호위원회가 결정하고 여성가족부장관이 고시한 것 등이다.

제3절 약물사용의 실태

경찰은 청소년이 올바른 인격체로 성장할 수 있도록 청소년보호법이 규정하고 있는 각종 음란·폭력성 유해매체와 술·담배 등 유해약물을 청소년에게 제공하는 행위, 유흥주점·비디오방 등 유해업소에 청소년을 출입시키거나 고용하는 행위에 대한 단속을 실시하고 있다. 특히 청소년보호법은 청소년의 복지를 침해하는 성인으로부터 청소년을 보호하기 위하여 성인복지범을 단속하고 있다.

2017-2021년 5년간 청소년에게 유해환경을 제공한 성인복지범의 단속현황을 보면 〈표 5〉와 같다.

전체적인 성인복지범의 단속현황을 보면, 2020년까지 완만한 감소추세를 보이다가 2021년에는 급격한 감소추세를 나타내고 있다. 청소년을 고용하거나 출입시킨 유해업소 사범은 2019년에 비하여 2021년에는 2배 이상 감소하였다. 술이나 담배 등을 판매한 유해약물은 2017년에 비하여 2021년에는 2배 이상 감소하였다. 성적퇴폐나 풍기문란 등 유해행위사범은 매년 증가하는 추세를 보이고 있으며, 유해매체물을 판매하거나 대여한 유해매체사범은 3배 정도 감소하였다가 2021년에 다시 증가하고 있다.

〈표 5〉 성인복지범 단속현황   (단위: 명)

연도	유해업소	유해약물	유해행위	유해매체	계
2017	360	8,927	393	70	9,750
2018	276	8,800	420	71	9,567
2019	300	7,851	471	20	8,642
2020	229	7,093	573	20	7,935
2021	141	4,288	651	35	5,116

자료: 경찰청, 2021 경찰통계연보, 2022, pp. 108-109.

또한 2017-2021년까지 5년간 약물의 종류별 판매로 인한 유해약물사범의 단속현황을 보면 〈표 6〉과 같다.

〈표 6〉 약물의 종류별 유해약물사범 단속현황   (단위: 명)

연도	술	담배	기타 약물	계
2017	7,521	1,390	16	8,927
2018	7,167	1,609	24	8,800
2019	6,682	1,142	27	7,851
2020	6,003	1,071	19	7,093
2021	3,381	891	11	4,288

자료: 경찰청, 2021 경찰통계연보, 2022. pp. 108-109에서 재구성.

대체적으로 유해약물사범은 2020년까지 완만한 감소추세를 보이다가 2021년에는 급격하게 감소추세를 나타내고 있고 술로 인한 사범이 담배로 인한 사범보다 많은 것으로 나타나고 있다. 먼저 술의 경우 2020년까지 감소추세를 보이다가 2021년에는 급격하게 감소하고 있다. 담배의 경우도 2018년에 증가하였다가 매년 감소하는 추세를 나타내고 있다. 기타 약물로서는 본드나 신나 등 흡입물질과 수면, 진통제 등 환각물질 그리고 신종마약 등이 감소추세에 있다.

제4절 청소년 약물남용의 원인

1. 사회해체

청소년 약물남용은 빈곤, 사회해체, 절망감에서 기인한 것으로 보인다. 소수집단 청소년들은 인종적 편견, 낮은 자아존중감, 열악한 사회경제적 지위, 도시생활에서의 스트레스와 같은 요인에 의하여 약물을 사용한다. 약물남용 과 인종, 그리고 빈곤과의 관계는 하류계층지역에서 발견되는 높은 수준의 불신과 반항적 태도와 관련되어 있다.

2. 동료압력

청소년 약물남용은 부모의 감독이 빈약한 동료의 행동과 매우 관련되어 있다. 특히 소외감을 느끼는 도시지역의 청소년들은 부적응과 스트레스를 해소하기 위하여 약물을 사용하는 청소년과 접촉하게 된다. 약물남용 청소년과의 접촉을 통하여 약물사용기법을 배우고 약물의존적인 청소년과의 우정이 약물사용습관에 대한 사회적 지지를 해주게 된다. 청소년들의 약물남용 친구들과의 접촉은 약물사용의 가능성을 증가시키고 장기적인 약물남용에 가장 중대한 영향을 미칠 수 있다. 약물사용 청소년들의 공유된 친밀감은 약물사용 하위문하에 몰입하게 할 수 있다.

3. 가정적 요인

청소년 약물남용은 불우한 가정환경과 관계가 있다. 어린 시절에 부모의 가혹한 체벌과 무관심, 부모의 이혼과 별거 등 결손가정, 약물사용 부모와 같은 가정환경이 그 원인이 된다.

이 외에도 아동양육방식에 대한 부모의 갈등, 규칙설정의 실패, 가혹한 체벌을 수반한 비현실적인 부모의 요구, 낮은 부모의 애착, 부모의 거부, 과다한 가족갈등 등도 청소년 약물남용의 가정적 요인으로 작용할 수 있다. 약물사용의 결과, 청소년들은 약물사용이 쾌감을 주고 걱정이나 불안을 낮추어 준다는 사실을 알게 된다.

4. 유전적 요인

부모의 약물사용과 청소년행동과의 관계는 유전적 편견을 가질 수 있다. 입양아의 경우 실부가 알콜중독자이고 양부도 알콜중독자라면 입양아는 2배 정도 알콜중독자가 될 가능성이 높다고 할 수 있다. 쌍생아의 경우도 일란성 쌍생아가 이란성의 쌍생아보다 2배 정도 알코올중독의 일치율이 높은 것으로 알려지고 있다. 또한 청소년 약물남용의 여부는 친구관계, 환경적 영향 등의 특성이 나타나는 6세 정도의 행동으로 예측할 수 있다.

5. 감정문제

정신분석학적 관점에서 약물은 무의식적 욕구를 통제하거나 표출하는 데 도움을 주고 자신들의 문제를 내면화한 청소년들은 부적응 감정을 감소시키기 위하여 약물을 사용한다고 한다.

내성적인 사람은 현실적인 열등감으로부터 벗어나기 위하여 약물을 사용할 수 있고 그들의 실패에 대한 책임을 외부로 돌려서 다른 사람들에게 책임을 전가하는 청소년들은 약물남용 등 반사회적 행동에 종사할 가능성이 있다.

약물남용자들의 심리학적 특성은 중대한 심리적 병리가 존재한다는 사실이다. 일반적으로 약물남용자들은 중대한 정신질환을 가지고 있으며 빈약한 자아, 좌절감에 대한 낮은 인내심, 모든 일을 할 수 있다는 만능의 환상 등의 성격장애를 가지고 있다.

6. 문제행동증후군(Problem Behavior Syndrome)

청소년에게 있어서 약물남용은 인생초기에 시작하여 일생을 통하여 유지되는 많은 문제행동 중의 하나이다. 약물남용 청소년들은 환경에 적응하지 못하고 감정적으로 고통받고 있으며 그들의 일탈적인 생활양식은 비행동료와의 관련성, 부모와 형제가 약물을 남용하는 가정환경, 사회의 지배적인 가치로부터의 소외, 비행행위의 조기 경험 등을 하게 된다.

약물남용 청소년들은 종교적 가치에 대한 전념이 부족하고 교육을 경시하며 비행친구들과 많은 시간을 보내는 것은 물론, 학업을 게을리하고 결석률이 높으며 학교를 떠난 후에도 계속적으로 약물을 사용한다.

7. 합리적 선택

약물남용 청소년들은 약물사용으로 인하여 처벌 등 부정적인 결과보다는 성적 쾌락, 창의성 개발, 현실도피로 인한 이익 등의 긍정적인 결과를 계산하여 약물을 사용한다. 즉 비록 잘못된 믿음일지라도, 약물사용이 사용자에게 이익과 혜택을 준다는 신념에 사로잡혀 있다는 것이다.

제 5 절 청소년 약물남용의 대책

1. 단속기관

1) 식품의약품안전처 마약안전기획관(마약정책과, 마약관리과)

마약정책과는

① 마약류 및 원료물질 관련 정책 및 종합계획 수립·조정
② 마약류 및 원료물질 관련 법령 및 고시의 제·개정
③ 마약류 관련 통합 공고의 개정 지원
④ 마약류 및 원료물질 관련 국제협력
⑤ 마약류 수출입업자·제조업자·원료사용자 및 품목에 대한 허가
⑥ 마약류 및 원료물질 수출입 승인 및 수입허가공인증명
⑦ 마약류의 취급 승인 업무
⑧ 마약류의 수급 관리
⑨ 마약류 및 오남용 우려 의약품의 오남용 예방에 대한 홍보·교육
⑩ 한국마약퇴치운동본부 및 마약류 관련 단체의 지원 및 감독
⑪ 신종·유사 마약류의 화학구조적 구분·확인
⑫ 마약류 및 임시마약류 지정 및 관리
⑬ 마약류의 수출확대 지원
⑭ 마약류 생산·수입·수출에 대한 판매보고 및 통계관리
⑮ 그 밖에 마약류에 관한 사항으로서 국내 다른 과의 소관에 속하지 않는 사항 등의 업무를 수행하고 있다.

한편 마약관리과는

① 마약류 안전관리 종합계획 수립 및 추진

② 마약류통합정보관리센터의 지원 및 감독

③ 마약류 및 원료물질 유통·감시 기본계획의 수립·조정

④ 마약류의 표시기재 및 광고, 수수 등의 제한 등 판매에 대한 지도·단속 계획의 수립

⑤ 마약류 취급승인자·수출입업자·제조업자·원료사용자 및 품목에 대한 행정처분 등 사후관리

⑥ 마약류의 수거·검사에 관한 종합계획의 수립 및 조정

⑦ 마약류의 회수·폐기에 관한 종합계획의 수립 및 조정

⑧ 마약류감시원 임면 및 교육

⑨ 마약류의 생산·수입실적의 보고 및 통계 관리

⑩ 마약류 취급 보고 및 통합정보 관리에 관한 사항 총괄

⑪ 마약류 오남용 예방을 위한 관리 체계 구축·운영

⑫ 가정 내 의료용 마약류 수거·폐기 사업 실시 등에 관한 사항 등의 업무를 수행하고 있다.

2) 대검찰청 마약·조직범죄과

대검찰청 마약·조직범죄과는 ① 마약수사공무원 배치 및 마약수사예산 편성 ② 조직범죄사건 등에 대한 업무분장 ③ 조직범죄분야 관련 국내외 유관기관 협력 등의 업무를 수행하고 있다.

3) 경찰청 국가수사본부 마약조직범죄수사과

마약조직범죄수사과는 다음 사항을 관장한다.

① 마약류 및 환각물질 범죄사건에 대한 수사지휘 감독

② 사건에 관한 범죄현상 및 정보의 분석·연구·관리, 정책·수사지침 수립

③ 사건에 관한 통계·기록물 관리, 민원 접수·처리

④ 사건에 관한 수사기법 개발, 지원 및 교육

⑤ 사건에 관한 국내 관련 기관과의 정보교류 및 협력망 운영·관리

⑥ 사건에 관한 외국 및 국제기구와의 국제회의 개최·참석, 정보교류 및 협력망 운영·관리

4) 관세청 조사국

관세청의 조사국 소속 사법경찰관리들이 관세범수사와 관련하여 마약류에 대한 단속을 하고 있으며, 특히 세관은 국제협력을 통한 정보의 교환과 국내기관과의 협력, 직원에 대한 교육강화, 마약류 수사장비의 도입, 마약탐지견을 활용하여 마약류 밀수를 단속하고 있다.

5) 국가정보원

국가정보원은 마약류 범죄뿐만 아니라 테러, 밀수, 조직범죄 등 국제범죄에 대하여 정보를 수집하고 있다. 전국 주요도시에 국제범죄상담소를 설치하여 24시간 운영하고 있으며 외국 정보기관과의 정보교류를 확대하고 국제범죄관련 정보수집을 강화하여 수집된 정보를 검찰 등의 기관에 배포하고 있다.

2. 마약류 중독자의 치료

마약류 중독자의 치료 및 재활을 위한 제도는 치료보호와 치료감호 두 가지 제도가 시행되고 있다. 치료보호제도는 마약중독자로서 범죄를 저지르지 않는 자를 대상으로 12개월 동안 마약류 중독자 치료보호시설에 수용하여 치료하는 것을 말한다. 우리나라는 경남 창녕에 마약류치료보호센터가 설치·운영되고 있고 전국의 22개의 국공립정신병원이 치료보호센터로 지정되어 있다. 마약류 관리에 관한 법률 제40조는 ① 보건복지부장관 또는 시·도지사는 마약류 사용자의 마약류 중독 여부를 판별하거나 마약류 중독자로

판명된 사람을 치료보호하기 위하여 치료보호기관을 설치·운영하거나 지정할 수 있다. ② 보건복지부장관 또는 시·도지사는 마약류 사용자에 대하여 제1항에 따른 치료보호기관에서 마약류 중독 여부의 판별검사를 받게 하거나 마약류 중독자로 판명된 사람에 대하여 치료보호를 받게 할 수 있다. 이 경우 판별검사 기간은 1개월 이내로 하고, 치료보호기간은 12개월 이내로 한다. ③ 보건복지부장관 또는 시·도지사는 제2항에 따른 판별검사 또는 치료보호를 하려면 치료보호심사위원회의 심의를 거쳐야 한다. ④ 제3항에 따른 판별검사 및 치료보호에 관한 사항을 심의하기 위하여 보건복지부, 특별시, 광역시, 도 및 특별자치도에 치료보호심사위원회를 둔다고 규정하고 있다.

청소년보호법 제34조의2(환각물질 중독치료 등)에서 ① 여성가족부장관은 다음 각 호의 사항을 지원하기 위하여 중독정신의학 또는 청소년정신의학 전문의 등의 인력과 관련 장비를 갖춘 시설 또는 기관을 청소년 환각물질중독 전문치료기관으로 지정·운영할 수 있다. 이 경우 환각물질 흡입청소년의 중독 여부 판별 검사, 환각물질 중독으로 판명된 청소년에 대한 치료와 재활에 필요한 비용의 전부 또는 일부를 지원할 수 있다.

② 여성가족부장관은 환각물질 흡입 청소년에 대하여 본인, 친권자 등 대통령령으로 정하는 사람의 신청, 「소년법」에 따른 법원의 보호처분결정 또는 검사의 조건부기소유예처분 등이 있는 경우 청소년 전문치료기관에서 중독 여부를 판별하기 위한 검사를 받도록 지원할 수 있다. 이 경우 검사기간은 1개월 이내로 한다.

③ 여성가족부장관은 환각물질 중독자로 판명된 청소년에 대하여 본인, 친권자 등 대통령령으로 정하는 사람의 신청, 「소년법」에 따른 법원의 보호처분결정 또는 검사의 조건부기소유예처분 등이 있는 경우 청소년 전문 치료기관에서 치료와 재활을 받도록 지원할 수 있다. 이 경우 치료 및 재활 기간은 6개월 이내로 하되, 3개월의 범위에서 연장할 수 있다.

④ 여성가족부장관은 제2항 및 제3항에 따른 결정을 하는 경우에 정신과 전문의 등에게 자문할 수 있다.

⑤ 청소년 전문 치료기관의 장과 그 종사자 또는 그 직에 있었던 사람은 직무상 알게 된 비밀을 누설하여서는 아니된다.

⑥ 제1항부터 제4항까지의 규정에 따른 청소년 전문 치료기관의 지정·운영, 중독 판별검사 및 치료와 재활, 친권자 등의 신청 및 자문, 그 밖에 필요한 사항은 대통령령으로 정한다고 규정하고 있다.

치료감호제도란 사회보호법상 보안처분의 일환으로 마약류중독자 중에서 범죄를 저지른 자를 대상으로 2년의 범위 내에서 집중수용하여 치료 및 재활을 하는 제도로서 우리나라는 충남 공주에 국립법무병원 치료감호소가 설치·운영되고 있다.

3. 마약류 공급차단

청소년의 마약류의 생산, 제조, 판매, 대여 등의 공급을 차단하는 정책이 선행되어야 한다.

청소년보호법 제28조(청소년유해약물등의 판매·대여 등의 금지)에서 ① 누구든지 청소년을 대상으로 청소년유해약물 등을 판매·대여·배포(자동기계장치·무인판매장치·통신장치를 통하여 판매·대여·배포하는 경우를 포함한다)하거나 무상으로 제공하여서는 아니 된다. 다만, 교육·실험 또는 치료를 위한 경우로서 대통령령으로 정하는 경우는 예외로 한다. ② 누구든지 청소년의 의뢰를 받아 청소년유해약물 등을 구입하여 청소년에게 제공하여서는 아니 된다. ③ 누구든지 청소년에게 권유·유인·강요하여 청소년유해약물 등을 구매하게 해서는 안 된다. ④ 청소년유해약물 등을 판매·대여·배포하고자 하는 자는 그 상대방의 나이를 확인하여야 한다. ⑤ 다음 각 호의 어느 하나에 해당하는 자가 청소년유해약물 중 주류나 담배(이하 "주류등"이라 한다)를 판매·대여·배포하는 경우 그 업소(자동기계장치·무인판매장치를 포함한다)에 청소년을 대상으로 주류등의 판매·대여·배포를 금지하는 내용을 표시하여야 한다. 다만, 청소년 출입·고용금지업소는 제외한다.

1. 「주세법」에 따른 주류소매업의 영업자
2. 「담배사업법」에 따른 담배소매업의 영업자
3. 그 밖에 대통령령으로 정하는 업소의 영업자

⑥ 여성가족부장관은 청소년유해약물등 목록표를 작성하여 청소년유해약물 등과 관련이 있는 관계기관 등에 통보하여야 하고, 필요한 경우 약물유통을 업으로 하는 개인·법인·단체에 통보할 수 있으며, 친권자등의 요청이 있는 경우 친권자등에게 통지할 수 있다. ⑦ 청소년유해약물을 제조·수입한 자는 청소년유해약물 등에 대하여 청소년유해표시를 하여야 한다고 규정하고 있다.

4. 예방교육

미국 대부분의 학교에서는 알코올, 약물, 담배의 사용에 대한 원인과 효과 등을 포함하여 다양한 요소로 구성된 교육프로그램을 운영하고 있다. 학생들에게 동료의 압력으로부터 저항하는 교육을 실시함은 물론 약물사용 학생들은 관련기관에 상담 및 치료를 의뢰하고 있다. 미국의 널리 알려진 약물예방 프로그램은 ALERT(Adolescent Learning Experiences Resistance Training) 프로젝트와 DARE(Drug Abuse Resistance Education)이라고 할 수 있다. 미국 50개 주에서 시행하는 ALERT 프로젝트는 소년들에게 약물을 회피하고 알코올과 담배사용을 동료들로부터 저항하는 데 성공적인 프로그램인 것으로 입증되고 있다.

ALERT 프로젝트는 초·중학생을 대상으로 하는 알코올, 담배, 마리화나 사용에 초점을 맞춘 학교기반의 예방프로그램이다.

이 프로그램은 약물을 사용하지 않은 학생들에게 약물예방의 중요성을 강조하고 이미 약물을 사용한 청소년들에게 약물사용을 예방하려는 것이다.

특히 이 프로그램은 청소년들에게 약물사용을 회피하는 것을 촉진하고 약물을 이해하고 저항하는 데 필요한 기술을 학생들에게 가르치도록 설계되어 있다.

프로그램의 기법은 학생들의 흥미와 참여를 유도하기 위하여 소집단활동, 질의 답변, 토론, 역할연기, 새로운 기술의 연습 등으로 이루어진다.

프로그램의 내용은 학생들에게 약물사용의 해악과 결과를 이해시키고 약물 미사용의 혜택을 인지시키며 약물사용의 부정적인 효과나 지침을 설명하고 약물사용의 압력을 저항하는 데 초점을 맞추고 있다.

DARE 프로그램은 1983년 LA경찰국과 LA교육청의 공동프로젝트로 시작되었고 유치원생에서 고등학생을 대상으로 경찰관이 약물, 알코올, 담배 등의 유혹에서부터 또래집단의 압력을 극복할 수 있도록 필요한 기술과 동기를 학생들에게 교육시키는 것을 목적으로 하고 있다.3)

DARE 프로그램의 목적은 ① 담배, 알코올, 약물에 대한 정확한 정보의 제공 ② 학생들에게 또래집단으로부터 저항하는 기법의 전수 ③ 법과 법집행관에 대한 존경심 유발 ④ 학생들에게 약물사용의 대안 제공 ⑤ 학생들의 자아존중감 고취 등이다.4)

교육과정은 방문수업, 핵심과정, 중등과정, 고등과정으로 이루어진다. 방문수업은 유치원에서 초등학생 4학년을 대상으로 수업시간에 찾아가 약물사용의 긍정적인 측면과 부정적인 측면을 강의한다.

핵심과정은 초등학생 5, 6학년을 대상으로 질의응답, 집단토론, 역할연기, 모의연습 등의 기법이 사용된다. 중등과정은 중학생을 대상으로 또래집단의 압력에 저항하고 부정적인 영향을 극복할 수 있는 기술과 지식을 전수하는 과정으로 학생들이 자신들의 분노를 조절하거나 통제하고 약물에 의존하거나 폭력을 행사하지 않고 갈등을 해결할 수 있도록 강의한다.

고등과정은 고등학생을 대상으로 경찰과 교사가 공동으로 집단교육기법으로 강의를 진행하며 위험발생시 적절한 행동요령과 분노감정을 타인에게 해를 끼치지 않고 잘 조절하는 기술을 강의한다.

---

3) 강은영, 약물남용예방교육의 효율화방안, 연구보고서, 한국형사정책연구원, 2004, pp. 40-41.
4) Larry J. Siegel & Brandon C. Welsh, Juvenile Delinquency(CA.: Thompson Learning Inc., 2008), p. 250.

우리나라의 경우 약물남용예방교육은 음주나 흡연, 약물에 대한 전문가가 학교를 방문하여 범죄예방 교육을 실시하여 학생들 스스로가 약물로부터 보호할 수 있는 지식과 기술을 갖게 하도록 하고 있다. 서울시 보건교육원의 약물오남용 특강의 교육내용을 보면 약물의 올바른 사용법, 약물이 인체에 미치는 영향, 약물오남용 예방방법, 흡연이 인체에 미치는 영향, 흡연 예방방법 등이다.

또한 보호관찰소에서는 비행소년을 대상으로 약물예방프로그램을 운영하고 있다. 인천서부보호관찰소에서는 본드흡입 보호관찰청소년을 대상으로 심성순화와 정신건강 기회를 제공하고 있다. 제주보호관찰소에서는 지역자원을 활용하여 알코올 의존도가 높은 대상자를 선정하여 개별 상담을 실시하여 건전한 음주문화를 가질 수 있도록 지원하여 가족관계 회복 및 안전한 사회복귀를 촉진하는 알코올 의존 대상자 상담프로그램을 운영하고 있다.

제 7 장

청소년 성매매

제7장 청소년 성매매

제1절 들어가는 말

　　최근 우리 사회는 청소년 성매매가 사회적인 이슈로 떠오르면서 이에 대한 관심이 증가하고 있다. 이제 성매매는 성인들에게 국한하지 않고 인터넷 등을 통하여 청소년과 성인과의 원조교제라는 형식으로 시간과 공간을 가리지 않고 무차별적으로 이루어지고 있다는 점에서 우리 사회에는 성매매의 안전지대가 없다고 할 수 있다. 이와 같이 성매매가 우리 사회의 이면적인 문화로 전염되고 확산되어 깊숙이 파고든 이유는 성도덕의 이중기준(double standard of sex morality)뿐만 아니라 성매매의 번창을 가능케 하는 사법적·행정적 단속의 이중성도 한몫을 하고 있다는 것이 일반적인 지적이다.

　　성매매는 갈수록 저변화·지능화되어 갈 뿐만 아니라 국제화·정보화·연소화되어 가고 있는 추세에 있다. 국제화가 진전되면서 외국인 여성이 국내의 풍속영업소에 불법취업하여 성매매를 하고 있고 인터넷 등 정보화가 가속화되면서 성매매를 하는 방식도 중간단계가 생략된 직접거래의 형태를 보이는

가 하면 10대 청소년들이 자발적으로 성매매에 참여하고 있어 우리 사회의 건전한 성문화를 위협하는 병리현상으로 나타나고 있다.

청소년 성매매의 실태를 보면 전체 150만여 명의 성매매 여성 중에서 청소년 성매매 여성은 약 30%를 차지하고 있는 것으로 추산되고 있으며 이들은 전통적인 가창형 성매매와 유흥업소 등 산업형 성매매, 그리고 인터넷 등 사이버공간을 통한 성매매에 종사하는 등 전방위적인 성매매를 하고 있다는 점에서 그 심각성이 있다.

지금까지 우리나라는 성매매를 방지하기 위하여 성매매방지법을 제정·시행하여 금지주의[1]를 채택하면서도 한편으로는 경찰 등 행정기관이 성매매를 암암리에 묵인하거나 오히려 조장하였다는 사실을 부인할 수 없다.

그러나 2011년부터 청소년의 성매매를 효과적으로 규제하기 위하여 아동·청소년성보호법을 제정·시행함으로써 이제는 청소년을 성적 도구의 대상으로 삼을 수 없게 되었다는 점에서 다소 늦은 감은 있지만 환영할 만한 일이라 하지 않을 수 없다.

제 2 절   성매매에 관한 일반적 논의

1. 성매매의 의의

성매매(Prostitution)라 함은 원래 건물 앞에 서서 기다린다는 의미로 라틴어의 prostituere에서 유래한 개념으로서 여자의 육체를 금전적인 목적으로 제공하는 것을 의미한다. 현대의 상업적인 성매매는 Solon이 B.C. 550년에 성매매굴을 허가받은 고대 그리스에서 그 기원을 찾아볼 수 있다.[2]

---

1) 금지주의는 성매매를 범죄로 간주하여 성매매행위자는 물론 그 상대방, 알선, 조장하는 자까지도 처벌하는 입장으로 한국, 태국, 필리핀, 미국 대부분의 주 등이 이에 속하며 이들 국가도 성매매를 완전히 추방하지 못하고 공공연히 이루어지고 있는 실정이다.

2) LarryJ. Siegel, Criminology(CA: Wadsworth, 2000), p. 431.

역사적으로 성매매에 대한 정의는 성인여성 성매매를 중심으로 논의되어 왔으나 최근에는 청소년여성 성매매, 청소년남성 성매매, 성인남성 성매매, 호모 성매매, 사이버 성매매 등으로 그 범위가 확장되고 있다.

성매매에 대한 정의는 사회적 관점과 법적 관점에서 논의할 수 있다. 사회적 관점에서 성매매는 성적 난잡이나 애정적 무관심을 특징으로 하면서 금전적 지불을 조건으로 하는 이성과의 성적 교제를 말한다. 골드스타인(Paul J. Goldstein)은 성매매를 배우자 관계가 아니면서 경제적 이익을 목적으로 이성에게 성적 서비스를 제공하는 행위라고 정의하고 있다.[3]

법적 관점에서 성매매는 주로 성매매 여성의 성적 난잡함에 초점을 맞추고 편견적인 견해를 가지고 있다. 종전에는 성매매는 이성 쌍방의 동의하에서 이루어지고 여성에 대해서만 법적 책임을 부과하여 도덕성의 이중기준을 반영하고 있었지만[4] 최근에는 이성쌍방을 처벌하는 방향으로 발전하고 있는 추세라고 할 수 있다. 우리나라의 경우 성매매란 불특정인을 상대로 하여 금품이나 그 밖의 재산상의 이익을 수수하거나 수수하기로 약속하고 성교행위, 구강, 항문 등 신체의 일부 또는 도구를 이용한 유사성교행위를 하거나 그 상대방이 되는 것을 말한다고 규정하고 있고(성매매알선행위등처벌에관한법률 제2조) 성매매, 성매매 알선 등의 행위, 성매매 목적의 인신매매, 성매매 목적의 직업소개 및 알선행위, 성매매 업소의 광고행위 등을 금지하고 있다(동법 제4조).

2. 성매매의 요건

성매매가 성립하기 위해서는 다음과 같은 요건을 갖추고 있어야 한다. 첫째, 성매매의 주체는 여성만이 되는가 아니면 남성과 여성 모두가 주체로 되는가의 문제가 있다. 우리나라 성매매처벌법은 성매매의 주체를 한정하는

---

3) Paul J. Goldstein, Prostitution and Drug(Mass: Lexington Books, 1979), p. 33.
4) Kate Millet, "Prostitution:A Quartet for Female Voices", in Vivian Gornick and Babara K. Moran(eds.), Women Sexist society(New york: American Library, 1971), p. 79.

규정을 두지 않고 있어 여성이 남성을 상대로 하는 성매매뿐만 아니라 남성
이 여성을 상대로 한 성매매도 포함하는 것으로 이해할 수 있다.

둘째, 성매매에 대한 반대급부로서 재산상의 이익을 요구해야 한다는 것
이다. 그러나 성적 욕망을 만족시키는 유형무형의 이익이 있다면 성매매가
성립한다는 주장도 있다. 성매매가 성립하기 위해서는 재산상의 이익이 수수
되거나 수수가 약속되지 않으면 안 된다. 재산상 이익의 지불의 주체 및 약속
의 주체는 이성상대방이다.

셋째, 성매매의 대상은 불특정 상대방이어야 한다. 즉, 상대방을 특정하
지 않고 무차별적으로 성적 서비스를 제공하는 것을 말한다. 불특정 상대방이
란 상대방의 특정성을 중시하지 않으며 불특정의 사람들 중에서 임의로 상대
방을 선택하는 것을 의미한다. 다만 이성상대방을 선택하는 데 있어서 전혀
무차별적인 것이 아니라 성적 서비스를 제공하는 이성이 불특정한 사람들
중에서 다소 호감이 가는 상대방을 선택하는 것과 성적 서비스에 대한 재산
상의 이익을 고려하여 보다 많은 재산상의 이익을 줄 수 있는 상대방을 선택
하는 것은 불특정 상대방이라고 할 수 없다. 또한 대가를 받고 불특정의 상대
방과의 성매매가 직업적으로 행하지 않고 1회에 행하여진 경우도 성매매가
된다. 이에 대하여 불특정 상대방에 대하여 동종의 성행위가 사회통념상 직업
적·반복적으로 행하여질 필요가 있으나 특정인에 대하여 1회에 한하여 행하
여지는 경우도 있다.

넷째, 메저키즘(mesochism)이나 새디즘(sadism), 오럴섹스 등 성행위의 유
사행위는 성매매가 아니다. 성행위의 유사행위는 많이 발생하는 것도 아니고
그 해악이 크지 않으며 성매매 방지의 관점에서 규제하기보다는 풍속단속의
관점에서 규제해야 하기 때문이다.

다섯째, 성매매의 당사자가 애정적인 관계가 없어야 한다.5) 애정적인 관
계가 있다면 연인으로 인정되어 반대급부로서 재산상의 이익을 추구하는 경

---

5) Larry J. Siegel, Criminology(CA.: Wadsworth, 2000), p. 408.

우가 거의 없고 성매매의 상대방이 불특정 상대방이라는 요건에 해당하지 않는다.

3. 성매매의 형태

성매매는 시간적 지속성, 강제성 여부, 그리고 직업환경에 따라 그 형태를 분류할 수 있다.[6] 먼저 시간적 지속성에 의한 분류에서 ① 일시적 성매매(Temporary Prostitution)는 특정장소에서 6개월 이하의 기간 동안 1회의 성매매 행위를 하는 것을 말하고 ② 간헐적 성매매(Occasional Prostitution)는 6개월 이하의 기간 동안 2회 이상의 성매매 행위를 하는 것을 말하며 ③ 지속적인 성매매(Continual Prostitution)는 특정장소에서 6개월 이상 지속적으로 성매매 행위를 하는 것을 의미한다.

또한 강제성 여부에 따라 자발적 성매매(Voluntary Prostitution)와 강제적 성매매(Compulsive Prostitution)로 구분할 수 있다. 자발적 성매매란 자발적으로 성매매의 세계에 유입되는 것을 말하고 강제적 성매매는 정신심리적 욕구나 마약중독 등의 원인으로 성매매 세계에 유입되는 것을 말한다.[7] 그리고 직업환경에 따라 ① 가창형(Street Walker) ② 풍속영업점형(Bar Girls) ③ 개실욕장형(Massage Parlor) ④ 원조교제형 ⑤ 랩부스형(Rap Booth) ⑥ 파견형(Call Girl) ⑦ 애인은행형(Lover Bank)으로 분류할 수 있다.

가창형은 도로상에서 손님을 유인하여 성매매를 행하는 가장 전통적인 형태로서 어떠한 구속도 받지 않는 상태에서 성매매를 행하고 포주 등 제3자로부터 성매매의 대가를 착취당하는 형태이다. 특히 가창형은 포주 및 성매매여성과 지역의 폭력단 등 범죄조직이 결탁하여 성매매의 이성상대방을 유인하여 주거나 영업보호를 한다는 명목으로 금품을 갈취하는 등 범죄조직의

---

6) Paul J. Goldstein, Prostitution and Drug(Mass: Lexington Books, 1979), p. 34.
7) Benjamin Harry and R. E. Masters, Prostitution and Morality(New york: Jullian Press, 1964), p. 86.

개입이 많다는 것이 특징이다. 풍속영업점형은 룸살롱, 단란주점, 바, 카바레 등의 풍속영업소가 유흥접객원에게 성매매의 기회를 제공하는 형태로서 특정 장소나 호텔, 여관 등에서 손님과 이성의 유흥접객원이 동행하여 성매매를 하는 것이다. 특히 이 형태는 풍속영업소가 외국인 여성을 유흥접객원으로 고용하여 성매매를 강요하고 그 대가를 착취하고 있다는 것이 특징이라고 할 수 있다. 개실욕장형(Massage Parlor)은 종전에 우리나라의 증기탕 및 일본의 소프랜드(Soapland)라는 특수목욕장에 수개의 욕실을 갖추고 손님은 입장료와 서비스요금을 지불하고 이성상대방이 마사지나 입욕서비스 등 성적 서비스를 하는 형태를 말한다. 원조교제형은 일본의 텔레크라(Telephone Club)에서 유래한 것으로 성인이 미성년자인 이성상대방에게 전화를 하여 특정장소에 만나서 용돈을 주고 성적 교제를 하는 형태이다. 이 형태는 우리나라에서도 전화방, 인터넷 등을 이용하여 가정주부, 여대생, 여고생, 여중생 등 이성상대와 전화를 통하여 특정장소에서 만나 성적 교제를 하는 등 풍속영업의 정보화현상을 반영하고 있는 형태이다. 랩부스형(Rap Booth)은 여성과 이성상대방이 분리된 부스에 들어가 이성상대방이 유리벽을 통하여 여성의 성적 유사행위를 관람하고 여성과 상대방의 전화를 통하여 요금 등을 결정하는 것으로서 엿보기극장 등이 이에 해당한다. 파견형(Call Girl)은 손님으로부터 전화주문을 받고 이성상대방을 손님에게 지정하거나 손님이 지정한 러브호텔, 모텔 등에서 성매매를 하거나 손님의 자택으로 이성상대방을 파견하는 형태로서 보도방, 티켓다방 등이 이에 속한다. 애인은행형(Lover Bank)은 등록된 손님과 이성상대방 간에 일정기간 동안 성적 관계를 유지하기 위해서 손님은 입회금 외에 일정기간 단위로 계약금과 실행횟수에 다른 금액을 지불하는 것이다. 이 형태는 결혼상담소나 이벤트회사 등에서 주로 발생하는 형태이다.

제3절 청소년 성매매의 특징과 유입경로

1. 청소년 성매매의 특징

1) 일반적인 특징

청소년 성매매의 일반적인 특징은 동기, 가입경로 및 형태, 수단, 강화요인 등의 측면에서 논의할 수 있다.

첫째, 성매매 동기의 측면에서 보면 과거의 청소년 성매매는 빈곤 등의 경제적인 동기에서 성매매에 참여하는 경향이었다면 최근의 청소년 성매매는 고수입에 대한 환상을 가지고 참여하여 경제적 반대급부로서 받은 수입을 사치소비품을 구입하는 데 소비하고 있다. 따라서 청소년들이 고가의 사치품을 소유하고 싶은 욕망 때문에 성매매에 참여하고 있는 것이 현실이라고 할 수 있다.

둘째, 성매매 가입경로 및 형태의 면에서 보면 가출한 청소년이 성매매에 종사하는 경우가 많고 전통적인 성매매뿐만 아니라 길거리 성매매, 원조교제 등 다양한 형태의 청소년 성매매가 이루어지고 있다.

셋째, 성매매 수단의 측면에서 청소년들은 전화방, 휴대폰, 채팅클럽 등 정보통신매체를 이용하여 성매매를 하고 있어 성매매의 정보화를 반영하고 있다. 즉, 청소년들은 중간매개집단을 생략한 채 이성상대방과 직접 연락을 취하고 성매매에 자발적으로 참여하고 있다는 것이다.

넷째, 성매매의 강화요인으로서 마약과 채무관계를 들 수 있다.[8] 마약은 성매매 생활에서 오는 고통이나 두려움을 등을 잊게 하고 성적인 쾌락을 증가시켜 주는 효과가 있고 청소년들이 마약을 구입하기 위해서 성매매에 종사

---

8) 변화순, "10대 매매춘청소년의 다각적인 사후지원방안," 제7차 연속토론회: 딸, 아들 사고파는 향락문화 추방운동, 한국교회여성연합회, 2000, p. 1.

하는 경우가 있으므로 마약이 청소년 성매매를 강화하고 촉진하는 데 일정한 역할을 하고 있다.9) 성매매 업자와 성매매 청소년과의 채무관계는 불법행위로 인한 채권무효이기 때문에 변제할 의무가 없는데도 불구하고 성매매 청소년에게 부당한 선불금을 부담시켜 이를 담보로 사실상 감금하거나 감시하고 있어 성매매 업소에서 탈출하지 못하는 사례가 빈발하고 있고 탈출하는 경우에는 브로커 등에 의하여 추적당하는 등 신변을 위협받고 있다.

2) 단속상의 특징

청소년 성매매는 일종의 성범죄이므로 수사 및 단속상 많은 어려움에 직면하게 된다. 청소년 성매매의 단속상의 특징으로는 첫째, 성매매 청소년은 경제적 반대급부를 조건으로 성인상대방과 동의하에 성매매를 하게 되므로 친고죄에 해당하지 않는 경우가 많을 뿐만 아니라 암수범죄가 많이 발생하고 있어 경찰 등 수사기관이 인지하지 못하는 경우가 많다.

둘째, 성매매 현장을 적발하면 충분히 증거를 확보할 수 있지만 그렇지 않을 경우 성매매의 증거가 소멸하는 경우가 많아 피의자의 자백이나 정황증거에 의존하는 경우가 많기 때문에 피의자가 부인으로 일관하거나 묵비권을 행사할 경우에는 범죄사실을 입증하기 어렵다는 특징이 있다.

셋째, 최근의 성매매 업소 폐쇄조치로 인하여 성매매가 지역적 전이효과, 즉 풍선효과를 나타내고 있다는 것이다. 성매매 업소를 폐쇄하면 주택가나 다른 지역으로 이동하여 성매매가 성행하는 것이 특징이다.

넷째, 청소년 성매매의 정보화로 인하여 성매매 상대방이 정보통신매체를 이용하여 직접 연락을 하고 특정장소에서 접촉하여 성매매를 하게 되므로 단속을 어렵게 하는 요인이 되고 있다.

---

9) Clare Tattersal, Drug, Runaway and Teen Prostitution(New York: The Rosen Publishing Group Inc., 1999), pp. 24-26.

2. 청소년 성매매의 유입경로

1) 가출

청소년들은 열악한 가정환경, 결손가정 등의 가정적 요인과 학교당국과의 갈등, 성적 부진, 통제적인 학교운영 등의 학교적 요인, 약물남용, 정신병, 개인감정, 임신 등의 개인적 요인으로 가출하게 된다.10)

가출 청소년들은 학력이 낮아 좋은 직장에 취업하기 어려워서 결국 쉽게 돈을 벌 수 있고 숙식을 해결할 수 있는 유해업소에 종사하게 되고 유해업소는 가출 청소년들이 합법적으로 취업할 수 없다는 약점을 이용하여 저임금으로 착취하고 있는 실정이다.

청소년들이 가출을 한 후 처음으로 취업하는 장소가 속칭 티켓다방이다. 티켓에 대한 업주의 강요는 없지만 영업이 잘되지 않을 경우 종업원들이 자발적으로 티켓에 응하는 경우도 있으며, 매월 티켓할당량을 부여하여 부족한 부분은 봉급에서 제외하기도 한다. 티켓다방에서 싫증이 나면 정보지 등을 통하여 단란주점이나 룸살롱으로 근무지를 이동하게 된다.

단란주점영업은 식품위생법상 주류를 조리·판매하는 영업으로서 손님의 노래를 부르는 행위가 허용되는 영업이며 원래 가족 및 친지가 단란하게 모여 주류를 곁들이면서 노래하는 것이 목적이지만 술이 있기 때문에 유흥접객원을 두고 손님의 술시중을 들고 노래를 부르며 손님이 원할 경우에는 성매매를 하게 된다.

룸살롱 등 유흥주점영업은 주류를 조리·판매하는 영업으로서 유흥접객원를 두거나 유흥시설을 설치할 수 있고 손님이 노래를 부르거나 춤을 추는 행위가 허용되는 영업을 말한다. 단란주점이나 유흥주점에서 성적 탈선을 습관화한 후에는 성적 일탈의 미련을 버리지 못하고 성매매 업소로 전락하게 된다.

---

10) R. Barri Flowers, The Prostitution of Women and Girls(North California: Mcfarland & Company Inc., 1998), p. 97.

2) 인신매매

청소년들을 납치·유인하여 유흥업소나 섬지역으로 매매하는 것으로서 빨이꾼, 피알통(PR통), 전문납치조직이 있다.11) 빨이꾼은 취직, 데이트 등을 미끼로 유혹하여 직접 구매자나 브로커에게 인도하는 역할을 담당하는 자들을 말하며 여자나 젊은 남성들로 이루어진다. 피알통은 신문, 잡지, 지역정보지 등에 구인광고를 내고 가출 청소년을 유인하는 수법을 말하는 것으로서 자기업소에 직접 고용하는 경우와 다른 업자나 성매매 업소에 인도하는 경우가 있다. 전문납치조직은 가장 폭력적인 방법으로 청소년을 매매하는 방법으로서 전문화, 조직화되어 있는 것이 특징이라고 할 수 있다. 빨이꾼과 피알통은 사기, 기망 등의 비폭력적 방법으로 청소년을 유인한다면 전문납치조직은 공갈, 협박 등 폭력적인 방법을 사용하는 것이 특징이다. 따라서 인신매매는 이러한 중간매개집단이 개입하여 성매매 업소로 직접 연결된다는 특징이 있다.

3) 보도방

보도방은 청소년을 일단 고용한 후 단란주점 등에서 요청이 있으면 유흥접객원을 공급하는 조직이다. 최근 유흥업소의 청소년 고용에 대한 단속이 강화되자 단속을 피하기 위한 수단으로 청소년들이 보도방을 이용하는 사례가 증가하고 있다. 청소년들도 특정업소에 소속되기를 싫어하고 일하고 싶을 때 일할 수 있는 보도방을 선호하는 경향이 있다. 보도방 영업의 형태는 청소년들을 학교부근 등에서 픽업하여 숙소를 얻어주고 그 숙소를 사무실로 이용하거나 가정집에서 보도방을 운영하는 경우도 있고 일정한 사무실 없이 차량과 핸드폰으로 영업하는 무점포형 보도방도 등장하고 있다.

---

11) 김은경·진수명, 인신매매의 실태에 관한 연구, 한국형사정책연구원, 연구보고서, 1993, pp. 54-60.

4) 직업소개소

직업소개소는 허가직업소개소와 무허가직업소개소로 구분하고 허가직업소개소는 무료직업소개소와 유료직업소개소로 구분할 수 있다. 특히 무허가 직업소개소가 청소년들을 유흥업소와 성매매 업소에 알선하여 청소년 성매매를 조장하고 있다. 이들 직업소개소는 법정소개료를 초과하는 부당한 소개료를 착복하는 것은 물론 섬지역에 수천만 원의 채무를 지게 된 청소년들을 소개하면서 이들이 도주할 경우 끝까지 추적, 신병을 확보하여 더 열악한 지역으로 매매하는 등 악질적인 업자도 있다.

직업소개소의 소개유형으로는 ① 미성년자가 취업할 수 없는 업소에 불법적으로 소개하는 형 ② 미성년자인 청소년에게 빚을 떠안기면서 청탁으로 소개하는 형 ③ 보호자의 동의를 받지 않거나 신상을 파악하지 않고 소개하는 형 ④ 직업소개소 사무실 내에서만 소개할 수 있는 행위를 출장을 다니면서 소개하는 형이 있다.

5) 정보통신매체

청소년 성매매는 정보통신매체를 이용함으로써 상대방의 프라이버시를 보호할 수 있고 아무런 매개단계를 거치지 않으며 상대방이 필요할 때 특정시간과 특정장소에서 성매매를 할 수 있다는 점에서 단속의 무방비상태에 있다고 할 수 있다.

청소년 성매매의 방법은 전화방을 이용하는 고전적인 방법, 인터넷 채팅방을 이용하는 방법, 스마트폰 문자메시지를 통하여 연락하는 방법, SNS를 이용하는 방법 등이 있으나 최근에는 스마트폰을 이용하여 성매매가 이루어지고 있다.

이러한 청소년 성매매는 남성의 성의식 마비, 청소년에 대한 사치성 소비심리자극, 청소년을 성적 대상으로 삼는 로리타신드롬(Lolita syndrome), 음란외설정보의 범람, 가족의 해체, 향락산업의 비대화, 성개방풍조, 배금주의

등이 그 원인으로 지적되고 있다.12)

1. 법적 규제

1) 성매매 피해청소년에 대한 규제

성매매 피해청소년에 대한 법적 규제는 소년법, 청소년보호법 등에 규정하고 있다. 구체적인 내용은 〈표 7〉과 같다.

〈표 7〉 성매매 피해청소년에 대한 처분의 종류 및 기간

관련법률	대 상	처분의 종류	기 간	비고
소년법	개선가능성이 큰 일시적, 충동적 청소년	-1호처분(보호자등에 감호 위탁)	6월(6월 연장 가능)	
	사회내에서 생활하게 하면서 일정기간 국가의 지도·감독을 받으며 정상적인 생활가능 청소년	-4호처분(단기 보호관찰) -5호처분(장기 보호관찰)	-1년 -2년(1년 연장 가능)	수강명령 가능
	정신치료 등 건강상의 문제가 있는 청소년	-7호처분(병원 및 요양소 등에 위탁)	6월(6월 연장 가능)	
	성매매를 상습화하여 일정기간 사회로부터 격리가 요망되는 청소년	-9호처분(단기 소년원 송치) -10호처분(장기 소년원 송치)	-6월 -2년	
청소년보호법	소년원송치정도에 해당하지 않지만 재활을 위해 시설내의 복지서비스가 필요한 청소년	청소년보호센타 및 청소년재활센터 선도보호 위탁처분	6월(6월 연장 가능)	

---

12) 정완, "원조교제의 발생원인과 방지대책", 형사정책연구소식, 7/8, 한국형사정책연구원, pp. 13-15.

성매매행위의 상대방인 청소년을 성매매 피해청소년이라고 하는데 아동·청소년성보호법상 19세 미만의 성매매 피해청소년은 형사처벌을 받지 않고 소년법상 보호처분, 청소년보호법상 청소년보호센터13) 및 재활센터14)의 선도보호 위탁처분 등 개별화된 처분을 받게 된다.

이러한 시설들은 성매매 피해청소년에 대하여 ① 선도보호 ② 신체적·정신적·정서적 안정회복을 위한 치료, 집단상담 프로그램의 운영 ③ 청소년의 보호자를 위한 교육 프로그램의 운영 ④ 장기치료가 필요한 대상자를 타기관에 위탁하는 등의 업무를 수행한다.

그러나 성매매 피해 청소년들은 경제적인 반대급부를 노리고 자발적, 상습적으로 성매매를 일삼는 경우가 많기 때문에 선도보호처분이 오히려 청소년 성매매를 조장한다는 지적이 있다. 이에 미국의 삼진법(Three Strikes and You're out of Law)과 같이 3회 이상 성매매로 단속되어 처분을 받은 14세 이상의 성매매 청소년에 대해서는 형사처벌을 부과하는 것도 고려할 수 있을 것이다. 즉 수요와 공급의 원리상 공급을 차단함으로써 어느 정도 청소년 성매매를 규제할 수 있기 때문이다.

2) 성인복지범에 대한 규제

(1) 형사처벌

성인복지범이란 소위 청소년 위해사범으로서 청소년의 권리를 침해한 성인을 말한다. 다시 말하면 청소년보호법에 규정하고 있는 유해업소에서 청소년을 고용하거나 청소년의 출입을 허용하는 업주 등을 성인복지범이라고 할 수 있다. 특히 청소년 성매매와 관련하여 청소년보호법 제30조 1호에서 영리를 목적으로 청소년으로 하여금 신체적인 접촉 또는 은밀한 부분의 노출 등 성적 접대행위를 하거나 이러한 행위를 알선·매개하는 행위를 금지하고

---

13) 청소년보호센터는 청소년에 대한 폭력이나 학대 등으로부터 청소년을 보호하기 위하여 청소년을 임시로 보호하는 시설을 말한다.
14) 청소년재활센터는 청소년 폭력의 가해자와 피해자 그리고 약물남용청소년을 재활하는 시설을 말한다(청소년보호법 제35조 제33조의 2 제1항, 제3항).

있고 아동·청소년성보호법 제12조에서 제15조까지 행위유형별로 성인복지
범에 대하여 각각 형사처벌을 규정하고 있다. 아동·청소년성보호법상의 성
인복지범의 처벌내용을 보면 〈표 8〉과 같다.

〈표 8〉 아동·청소년성보호법상의 성인복지범의 처벌내용

관련법률	행 위	처 벌 내 용
아동·청소년 성보호법	- 아동·청소년에 대한 매매행위를 한 자(제12조)-	- 무기징역 또는 5년 이상의 징역
	- 아동·청소년의 성을 사는 행위를 한 자(제13조)	- 1년 이상 10년 이하의 징역 또는 2천만원 이상 5천만원 이하의 벌금
	- 아동·청소년에 대한 강요행위를 한 자(제14조)	- 5년 이상의 유기징역
	- 아동·청소년의 성을 사는 행위를 알선, 장소제공 등을 업으로 하는 자(제15조)	- 7년 이상의 유기징역

이와 같이 아동·청소년성보호법은 성인복지범에 대한 강력한 형사처벌
규정을 두고 있어 청소년의 성을 보호하려는 국가의 의지를 알 수 있다.

(2) 신상공개제도

성인복지범에 대한 처벌 중에서 특징적인 것은 신상공개제도를 도입한
것이라고 할 수 있다. 이 제도의 기원은 1994년 미국 뉴저지주 해밀턴 타운쉽
에서 7살인 메간 칸카(Megan Kanka)가 거리를 사이에 두고 맞은 편에서 살고
있던 성폭력범에 의해서 살해된 이후 일명 메간법(Megan's Law)이라고 불리우
는 지역사회통보법(Community Notification Law)이라고 할 수 있다. 뉴저지주는
성폭력범이 지역사회에 거주한다면 주민들에게 알려야 한다는 입법을 연방
정부에 요청하였고 이에 따라 연방정부는 1996년 청소년을 대상으로 하는
성범죄자는 지역주민들에게 알려야 한다는 입법을 통과시켰다.[15]

---

15) 성폭력범죄자가 형기종료 후 지방검사의 신청에 따라 법원이 성폭력범죄의 위험성 정도

우리나라의 아동·청소년성보호법 제 49조부터 성인복지범의 신상정보의 등록 및 공개와 관련된 내용을 규정하고 있다.

신상공개정보의 등록대상자는 ① 아동·청소년대상 성범죄를 저지른 자 ② 성폭력범죄의 처벌에 관한 특례법 제2조 1항 제3호, 제4호 및 제3조-15조의 범죄를 저지른 자 ③ 13세 미만의 아동·청소년을 대상으로 아동·청소년대상 성범죄를 저지른 자로서 13세 미만의 아동·청소년을 대상으로 성범죄를 다시 범할 위험성이 있다고 인정되는 자 등이다.

신상정보의 등록내용은 성명, 주민등록번호, 주소 및 실제거주지, 직업 및 직장소재지, 연락처, 신체정보(키와 몸무게), 소유차량 등록번호 등이다.

신상공개내용은 성명, 나이, 주소 및 실제거주지, 신체정보(키와 몸무게), 사진, 등록대상 성범죄 요지, 성폭력 전과사실(죄명, 회수), 전자정치부착 여부 등이다.

신상공개제도는 일반인들로 하여금 일반예방효과, 재범을 방지하는 특별예방효과, 피해자의 발생을 예방하여 청소년을 보호함은 물론 사회전체가 반성하고 아동·청소년성보호에 동참할 수 있는 기회를 제공한다는 효과를 기대할 수 있다. 따라서 성인복지범에 대한 신상공개제도는 성인복지범의 인권보다는 지역공동체의 이익과 청소년의 보호가 더 중요하다는 관점에서 강력하게 시행하고 만약 입법적으로 불비한 점이 있으면 신속히 관련법령을 정비해 나가야 할 것이다.

(3) 보안처분

미국의 캘리포니아주는 1996년부터 성폭력범죄자법(Sexual Predator Law)을 제정·시행하고 있다. 이 법에서 성폭력의 피해자가 2명 이상이고 재범의 위험성이 있을 경우에 성폭력범죄자의 형기가 종료된 이후에 다른 일정한 시설에 계속적으로 구금하는 보안처분을 인정하고 있다. 이러한 성폭력범죄

를 결정하고 신상이 공개된다. 성폭력범죄자의 거주지, 이름, 나이, 신체적 특징, 사진, 관련범죄등 신상정보가 경찰에 등록되고 이사를 할 때마다 경찰서에 등록해야 하며 등록을 하지 않을 경우 체포된다.

자에 대해서는 정신병시설에 수용하고 2년마다 검사를 하여 사회복귀 여부를 결정하도록 하고 있다.16) 따라서 우리나라에도 아동·청소년의 성보호의 권리를 침해한 성인복지범에 대해서는 이러한 보안처분을 검토할 수 있을 것이다.

2. 단속적 규제

1) 중간매개집단에 대한 단속

중간매개집단은 친구, 직업소개업자, 풍속영업자 등이 있다. 사실 청소년 성매매의 경우, 성매매의 경험이 있는 친구의 소개나 권유에 의하여 자발적으로 청소년 성매매에 참여하는 경우가 많다. 경찰은 직접 성매매를 한 청소년에 대하여 단속하고 있으나 성매매를 알선하거나 권유한 청소년에 대해서도 단속하여 처벌해야 할 것이다.

직업안정법상 직업소개업자는 18세 미만의 자에 대하여 청소년보호법에 의한 청소년유해업소에 소개해서는 아니된다고 직업소개를 제한하고 있다(제21조의3). 직업소개업자는 청소년을 합법적인 직업에 소개하기보다는 다방이나 풍속업소, 성매매 업소 등 불법적인 직업에 소개하여 부당한 소개료를 착복하고 있다.

특히 무허가직업소개업자가 청소년을 성매매 업소에 소개하는 데 핵심적인 역할을 담당하고 있으며 선불금을 받고 청소년을 인신관리하거나 사실상 신체적 자유를 구속하는 사례가 발생하고 있다. 따라서 무허가직업소개업자의 단속을 강화하는 한편 직업소개소에서 행하는 성매매의 혐의가 있는 구인광고 등을 적발하여 단속함으로써 청소년을 성매매로부터 보호해야 할 것이다.

풍속영업법상 각 개별법령에 따라 풍속영업소에서의 성매매행위, 음란행위, 사행행위를 규제하고 있다. 여기서 풍속영업소란 식품위생법상의 단란

---

16) Larry J. Siegel, Criminology(CA.: Wadsworth, 2000), p. 47.

주점과 유흥주점, 공중위생관리법상의 숙박업, 이용업, 목욕장업, 음악산업진흥에 관한 법률상의 노래연습장, 영화 및 비디오의 진흥에 관한 법률상의 비디오물감상실업, 게임산업진흥에 관한 법률상의 게임제공업, 복합유통게임제공업, 체육시설의 설치·이용에 관한 법률상 무도학원업, 무도장업을 말한다.

풍속영업소들은 청소년보호법상 청소년의 고용을 금지하고 있어서 청소년 성매매가 발생할 가능성은 거의 없다고 할 수 있으나 청소년 성매매가 이루어지는 숙박업소에 대하여 단속을 강화함은 물론 숙박업자에 대하여 신용카드결제를 의무화하는 것도 방안이 될 수 있을 것이다.

특히 청소년들이 풍속영업소에서 고용이 금지됨에 따라 최근에는 일정한 점포가 없는 무점포형의 중간매개집단이 활동하고 있는 것이 특징이라고 할 수 있다. 이 집단들은 점포를 가지지 않고 핸드폰 등으로 연락을 취함으로써 교묘하게 단속을 피할 수 있어 경찰 등에서도 단속에 많은 어려움이 있다. 따라서 무점포형의 청소년 성매매 중간매개집단에 대해서는 혐의가 있다고 판단되면 통신비밀보호법을 위반하지 않는 범위 내에서 통화내역을 조사하여 색출하는 방안도 적극적으로 검토해야 할 것이다.

2) 정보통신매체에 대한 단속

청소년 성매매는 성인상대방과의 동의하에 이루어지는 경우가 많으므로 신고보다는 경찰 등의 인지에 의하여 수사가 이루어지는 경우가 대부분을 차지하고 있다. 성매매 청소년이 정보통신매체를 이용하게 되면 중간매개집단을 거치지 않고 직접 상대방과 접촉하기 때문에 목격자도 찾기 어렵다. 성매매 청소년들의 상대방 접촉수단은 스마트폰의 문자, PC방, 음성회원제폰팅 등을 통하여 이루어진다. 이러한 접촉수단에 대한 수사기법은 성매매의 혐의가 있는 글을 조회하여 글을 올린 청소년을 발견하고 성매매 청소년에 대해 설득과 회유를 통하여 성인상대방을 찾아내어 성매매 청소년과 대질심문을 하게 된다.

따라서 성매매 청소년의 협조 없이는 수사의 진전을 보기 어렵다고 할 수 있다. 이러한 수사과정에서 청소년 성매매를 수사하는 소년경찰은 청소년들을 선도·보호해야 하는 막중한 책임이 있으므로 청소년지도사 자격증 등이 요구될 뿐만 아니라 정보통신매체를 이용한 청소년 성매매의 수사기법을 개발해야 할 것이다.

3. 유인방안 및 자율규제

1) 청소년 성매매 상대방의 포상

청소년 성매매는 청소년과 성인상대방이 성매매로 발전할 가능성이 있을 경우에 신고를 유인하는 포상제도를 실시해야 할 것이다. 특히 성매매 청소년이 신고할 경우에 성매매로 받은 수익금과 동등한 정도의 일정금액의 포상금을 지급하고 성인상대방이 성매매 청소년과 접촉한 후 경찰에 신고하는 경우에 일정금액의 포상금을 지급하는 방안을 시행하면 청소년 성매매를 어느 정도 규제할 수 있을 것이다.

2) 합법적인 풍속영업자에 대한 유인

풍속영업자는 광범위한 규제를 받고 있어 불법적으로 영업하면 막대한 수익을 올릴 수 있고 합법적으로 영업하면 오히려 손해를 보는 경우가 많다. 따라서 합법적으로 영업하는 풍속영업자는 불만을 호소하고 있을 뿐만 아니라 심리적인 저항감을 느낀다는 사실을 부인할 수 없다.

청소년 성매매의 규제는 선량한 미풍양속을 보존하고 건전한 풍속환경을 유지하여 청소년의 건전한 육성을 도모해야 한다는 사회전체의 요청에 따라 의연하게 대처할 필요가 있다. 따라서 청소년 성매매의 규제의 목적과 취지에 부합하고 합법적인 풍속영업자들의 절실한 호소에 귀를 기울일 필요가 있다. 즉 청소년 고용 등 불법적으로 영업을 하는 풍속영업자에 대해서는 철저히 단속하여 일벌백계로 다스리고 합법적으로 영업하는 풍속영업자에

대해서는 세제 혜택, 설비나 구조변경 허용 등의 혜택을 부여하여 불법적인
풍속영업자와 차별화를 시도하기 위한 제도를 도입하는 것도 바람직하다고
할 수 있다. 이러한 제도는 합법적인 풍속영업자에게 건전한 영업을 계속하도
록 동기를 부여함과 동시에 풍속영업자 전체를 건전한 영업으로 유도하는
효과도 기대할 수 있다.

　　일본의 경우 공안위원회는 10년 이상 행정처분 등을 받지 않고 합법적인
영업을 한 풍속영업자는 특례풍속영업자로서 인정하여 세제혜택, 영업소의
구조 및 설비의 변경 사후승인 등의 방법으로 해결하고 있는데 이러한 제도
를 참고하는 것도 대안이 될 수 있을 것이다.

3) 지방자치단체에 의한 규제

　　청소년 성매매에 대한 규제는 기본적으로 청소년 보호가 목적이라고 할
수 있다. 이를 위하여 각 지방자치단체가 청소년보호육성조례를 제정하여 시
행할 필요가 있다. 일본의 경우 동경도, 대판부를 비롯하여 47개 지방자치단
체에서 청소년보호육성조례를 제정·시행하고 있다. 조례내용을 보면 유해환
경정화를 위한 규제와 청소년 자신에 대한 유해행위의 규제로 대별하고 있다.
유해환경정화를 위한 규제는 청소년에 대하여 유해도서류, 유해약물 등의 판
매규제, 자동판매기의 유해잡지나 피임기구 등의 판매규제, 성인영화관 등의
출입규제를 규정하고 있고 청소년 자신의 유해행위 대한 규제는 성매매규제,
문신규제, 심야통행규제 등을 규정하고 있다.

　　이와 같이 각 지방자치단체별로 조례를 제정하여 청소년 성매매를 규제
하는 이유는 불법적인 풍속영업자에 대한 행정처분권한을 지방자치단체가
가지고 있어 지역특성에 맞게 청소년 성매매를 규제할 수 있을 뿐만 아니라
직접 청소년과 접촉하는 주민들의 의견이 반영될 수 있다는 장점이 있다. 따
라서 우리나라도 청소년 성매매를 규제하기 위하여 각 지방자치단체별로 청
소년보호육성조례를 제정·시행하도록 적극적으로 권장해야 할 것이다.

제 8 장

사이버공간상의 음란물

제8장 사이버공간상의 음란물

제1절 음란물의 정의

음란물(Pornography)이란 고대 그리스어의 매춘(prostitute)을 의미하는 porne 와 쓴다(write)는 것을 의미하는 graphein에서 유래한 개념으로 성적 흥분이나 자극을 유발하기 위하여 정상인의 성적 수치심을 해하고 선량한 도의관념에 반하는 인쇄매체, 영상매체 등을 통한 성적 표현물이라고 할 수 있다.

제2절 음란물의 판단기준

음란물의 판단기준은 음란물에 대한 통제와 직접적인 관계가 있다. 음란물은 그 개념이 모호하여 시대의 가치관에 따라 그 내용이 변하는 상대적인 개념이고 그 시대에 있어서 사회의 풍속, 윤리, 종교 등과도 밀접한 관계를 가지는 추상적인 것이다.

일반적으로 음란물의 판단기준은 규범적 기준, 주관적 기준, 객관적·기술적 기준으로 구분하고 있다.[1] 규범적 기준은 일정한 정도 이상의 정보는 음란물로 판정하여 제작·배포하는 경우에 국가가 형사제재를 가하게 된다. 이러한 경우에 음란성 판단은 국가에 의해서 이루어지고 각 매체마다 음란성 기준이 다르게 나타나기도 한다. 주관적 기준은 본인은 음란하지 않다고 판단하더라도 사법부에 의해서 보통인의 성적 관념에 따라 음란하다고 판단되는 경우와 같이 정보내용에 대한 가치판단에 따른 기준을 말한다. 보호자가 자신의 아동이 다른 아동에 비해서 신체적·정신적 성숙성이 높다고 판단하고 음란물을 제공하는 경우에는 법적 제재가 가해지지 않는 것이 이에 해당한다.

객관적·기술적 기준은 음란물 내용의 객관적·기술적 분석을 의미하는 것으로서 방송통신심의위원회가 정한 음란성에 대한 심의기준이 여기에 해당한다고 할 수 있다. 심의기준은 성적인 욕구를 지나치게 자극하거나 혐오감을 주는 음란한 내용으로서 일반인 누구에게도 제공할 수 없는 정보인 일반유해기준과 일반유해기준에 해당되지 않는 정보 중에서 어린이 및 청소년에게 성충동을 지나치게 유발할 수 있다고 판단되는 내용으로서 19세 미만인 청소년에게 제공할 수 없는 정보인 청소년 유해기준으로 정하고 있다.[2]

음란물은 대부분의 나라에서 음란성이라는 불특정개념에 의하여 개괄적으로 확정하는 것이 아니라 음란물의 유형을 더욱 세분화하고 있다.[3] 즉 형법상 음란물은 실제적인 성행위를 묘사하는 하드코어 음란물(Hardcore Pornography)과 단순한 나체 혹은 선정적인 모습을 묘사하는 소프트코어 음란물(Softcore Pornography)로 구분하고 전자에 대해서는 형법상으로 전면적으로 제조나 반포를 금지하는 반면에 후자는 성인에 대해서는 허용하지만 청소년에게 유해하거

---

1) 황성기, "인터넷환경하에서의 청소년보호", 인터넷시대에 있어 청소년 문제와 대책, 제2차 정책포럼 자료집, 청소년보호위원회, 2000, pp. 39-41.
2) 정보통신윤리위원회, 불건전정보 심의기준 개선을 위한 공청회 자료, 1998, pp. 8-11.
3) 김영환, "청소년 유해매체물 관리, 규제를 위한 법적 장치연구", 형사정책연구, 제8권 제1호, 1997, pp. 50-51.

나 혹은 동의하지 않은 성인에게 혐오감을 주는 경우에만 이를 예외적으로 처벌
하고 있다.

제3절 음란물의 유해성 논의

    음란물이 성범죄에 영향을 미치는가의 유해성에 대한 찬반론이 제기되
고 있다. 우선 반대론을 보면 1970년 미국의 외설과 음란물에 관한 국가위원
회(The National Commission on Obscenity and Pornography, 1970)는 음란물접촉과
성범죄와는 거의 관계가 없다는 사실을 밝혀내고 연방, 주, 지방의 입법이
음란물을 구해보려는 성인의 권리에 개입하거나 간섭하지 않아야 한다고 권
고한 바가 있다.[4]

    1967년 덴마크의 쿠친스키(B. Kutchinsky)는 음란물이 비범죄화된 후 성
범죄는 감소하였다는 사실을 알아내고 이것은 음란물을 접촉하는 것이 잠재
적 성범죄자들에게 안전판으로 작용할 수 있다고 주장하였다.[5]

    한편 찬성론의 입장을 보면 각국의 조사에서 포르노잡지의 소비와 강간
율의 정(正)적인 관계가 있다는 사실은 음란물에 노출된 사람들은 여성피해자
에 대한 성범죄를 유발할 가능성이 많다는 사실을 입증하고 있고 레이건 행
정부하의 음란물에 관한 법무장관 위원회는 성폭력을 묘사하는 음란물에의
접촉은 성폭력을 유발한다고 권고하고 있으며[6] 1973년 데이비스 등(K. Davis
& G. N. Braucht)은 음란물에의 노출과 성범죄는 강한 상관관계가 있다는 사실
을 주장하고 있다.[7]

---

4) Commission on Obscenity and Pornography, The Report of The Commission on Obscenity
   and Pornography, Washington D.C.: U.S. Government Printing Office, 1970.
5) Berl Kuchinsky, "The Effect of Essay Availability of Pornography on the Incidence of
   Sex Crimes", Journal of Social Issues, Vol. 29, 1973, pp. 95-112.
6) Attorney General'Commission, The Report on Pornography: Final Report, Washington
   D.C.: U.S. Government Printing Office, 1970, pp. 837-902.

따라서 일반적으로는 음란물을 받아들이는 주체의 가치판단에 따라 음란물에 친화력이 있으면 이를 학습하여 성범죄를 유발할 수도 있고 반대로 음란물에 저항력이 있으면 이를 정화하여 성범죄를 유발하지 않을 수도 있을 것이다.

제4절 사이버공간상의 음란물 규제방안

1. 법적 규제

우리나라의 사이버공간상의 음란물과 관련된 법적 규제는 세 가지 방향으로 이루어지고 있다.

첫째, 사이버상에 음란물을 반포·판매·전시하는 정보제공자에 대하여 처벌하는 것이다. 현실공간상의 음란물은 형법 제243조(음화반포), 청소년보호법 제9조(청소년유해매체물의 심의기준),[8] 풍속영업의 규제에 관한 법률 제3조(준수사항) 등에 따라 규제하고 있다. 형법 제243조는 물건성을 의미할 뿐이고 디지털전송방식을 포괄하지 못하는 한계가 있어 1996년 전기통신기본법 제48조의2(전기통신역무이용 음란물 반포·판매·전시)의 조항을 신설하여 규제하였다. 그러나 이 조항은 2007년에 개정된 정보통신망 이용촉진 및 정보보호 등에 관한 법률 제41조에서 청소년유해정보로부터 청소년을 보호하기 위하여 내용선별 소프트웨어 보급, 청소년보호를 위한 기술개발 및 보급, 청소년

---

7) Keith Davis & G. N. Braucht, "Exposure to Pornography, Character, and Sexual Deviance: A Retrospective Survey", Journal of Social Issues, Vol. 29, 1973, pp. 183-196.

8) 청소년보호법 제9조는 청소년유해매체물의 심의기준으로서 ① 청소년에게 성적 욕구를 자극하는 선정적인 것이나 음란한 것 ② 청소년에게 포악성이나 범죄의 충동을 일으킬 수 있는 것 ③ 성폭력을 포함한 각종 형태의 폭력행위와 약물의 남용을 자극하거나 미화한 것 ④ 도박과 사행심을 조장하는 등 청소년의 건전한 생활을 현저히 해칠 우려가 있는 것 ⑤ 청소년의 건전한 인격과 시민의식의 형성을 저해하는 반사회적, 비윤리적인 것 ⑥ 그 밖에 청소년의 정신적, 신체적 건강에 명백히 해를 끼칠 우려가 있는 것을 규정하고 있다.

보호를 위한 교육 및 홍보를 규정하고 있고 제42조에서 청소년유해매체물의 표시, 제42조의2에서 청소년유해매체물의 광고금지 등을 규정하고 있다.

둘째, 전기통신사업자는 청소년과 전기통신서비스 제공에 관한 계약을 체결하는 경우 청소년유해매체물과 음란정보에 관한 차단수단을 제공하는 것이다(전기통신사업법 제32조의7).

셋째, 방송통신위원회가 청소년유해매체물 및 음란정보의 근절과 건전한 정보의 유통활성화를 위해 심의를 통하여 시정요구토록 하는 것이다. 방송통신위원회가 통신회선을 통하여 일반에게 공개되어 유통되는 정보 중 건전한 통신윤리의 함양을 위하여 필요한 사항으로서 대통령령이 정하는 정보심의 및 시정요구를 하고 있다.

그러나 방송통신위원회의 심의결과를 전기통신서비스제공자에 대하여 시정요구할 경우, 그것을 강제하는 수단이 결여되어 있어 실효성을 거두지 못하고 있다. 따라서 정보통신서비스제공자가 자신이 서비스하는 정보내용이 불법정보 또는 청소년 유해정보임이 확인되면 이러한 정보의 유통을 방지하기 위해서 정보내용을 인지하고 기술적으로 가능할 경우에는 삭제하는 등의 조치를 취하기 위하여 담당자를 지정하는 등의 의무를 부과해야 할 것이다.

2. 단속상의 규제

사이버공간상의 음란물을 단속하는 데는 많은 한계에 부딪히게 된다. 이러한 단속상의 한계는 발생지점의 불명, 발생시간의 확대, 범죄피해의 확대 등 사이버범죄의 특징에 기인한 것으로서 이를 구체적으로 보면 다음과 같다.[9]

첫째, 정보통신서비스제공자는 정보제공자가 올리는 음란물을 어느 정도 차단할 수 있으나 전기통신서비스제공자는 정보제공자가 어디서 음란물

---

9) 月尾嘉男, 情報通信の 進展과 社會の 安全, 警察政策, 2卷 1號, 2000, pp. 4-8.

을 올리는 것을 파악할 수도 없다는 것이다. 또한 어떤 내용이 음란물에 해당하는가에 대해서도 각국마다 기준이 다르기 때문에 모든 정보이용자를 대상으로 모니터링을 해야 한다는 문제가 있다.

둘째, 사이버공간의 속성상 주권의 한계가 없다는 것이다. 법은 일국의 주권이 미치는 범위 내에서만 적용되고 있어 외국의 음란물까지 적용할 수 없다는 문제가 발생하게 된다. 현실공간에서는 물리적 국경이 존재하지만 사이버공간에서는 국경이라는 개념이 존재하지 않아서 이러한 음란물이 외국에서 오는 것을 방지하기 위해서 국경검문소를 설치하는 것도 현실적으로 불가능하다.

셋째, 일반적으로 많이 사용되는 단속방법은 음란물을 올려놓은 홈페이지를 단속하는 것이다. 이 경우에도 내국인이 국내 전기통신서비스제공자의 서비스에 홈페이지를 만들고 여기에 음란물을 올려놓은 경우에는 수사기관이 수색영장을 발부받아 음란물 게시자의 신원을 파악하여 처벌할 수 있지만, 내국인이 외국의 전기통신서비스제공자의 서비스에 홈페이지를 만들고 여기에 음란물을 게시하거나 외국인이 국내의 전기통신서비스제공자의 서비스에 홈페이지를 만들어 음란물을 게시하는 경우에는 단속권이 미치지 못한다는 한계가 있다.

3. 자율규제

① 정보제공자에 의한 정보내용등급표시제 방식

정보내용등급표시제는 정보제공자들이 자신의 정보내용을 정해진 방법으로 분류하여 표시하면 학부모 및 교사 등이 청소년이용자의 특성에 맞게 정보내용을 취사선택할 수 있는 여과장치를 활용하여 해당 정보내용을 기존의 영상물등급처럼 자녀와 학생들의 정보이용을 효과적으로 지도할 수 있도록 하는 제도이다.

일반적으로 각국에서 정보내용선별 소프트웨어의 표준이 되고 있는 것
이 미국의 인터넷관련업계가 개발한 인터넷내용선별 표준기술체계(Platform
for Internet Content Selection, PICS)이다. 이것은 정보내용등급체계는 부여하지
않고 인터넷내용을 선별하기 위한 표준기술규격으로서 사이트주소를 이용한
차단방식의 단점을 보완하기 위하여 개발되었다.

이를 바탕으로 개발한 인터넷내용등급체계가 RSACi(Recreational Software
Advisory Committee on the Internet)라고 할 수 있다.[10] 우리나라도 이에 따라
정보내용을 언어, 성, 폭력 등의 영역에서 전 연령 이용 가능, 만19세 이상
성인이용 가능, 등급외로 세 가지 등급으로 구분하여 2000년 9월부터 시범운
영한 바가 있다. 이 제도를 전면적으로 도입하기 앞서서 등급표시의무대상과
허위의 등급표시 그리고 내용선별소프트웨어의 설치의무화 대상을 명확히
해야 할 것이다.

② 정보통신서비스제공자에 대한 음란물 차단프로그램의 설치방식

사이버공간상의 음란물을 송신하고 중개하는 정보통신서비스제공자에
대하여 음란물 차단프로그램의 설치를 의무화하는 것이다. 네이버 등 정보통
신서비스제공자는 외국의 정보제공자와 국내의 이용자들을 연결하는 인터넷
접속 국제관문이라고 할 수 있다. 정보통신서비스제공자가 인터넷송신을 중
개하는 설비를 갖추고 음란물이 송신되는 것을 방지하기 위해 음란물 차단프
로그램을 설치하고 음란사이트 IP주소를 차단프로그램에 입력시켜 동 사이
트로 연결하는 것을 차단하자는 것이며 이러한 음란사이트 데이터베이스는
방송통신위원회, 시민단체 등을 통한 지속적인 정보수집으로 갱신한다는 것
이다.[11]

---

10) RSACi의 내용등급기준을 보면 폭력, 신체노출, 성행위 언어 등의 범주로 나누고 각각의
범주에 모든 연령에 적합, 수준1, 수준2, 수준3, 수준4의 5단계의 등급수준을 부여하며,
수준이 높을수록 음란성의 정도가 심하다는 것을 의미한다. 예를 들면, 신체노출범주의
경우, 수준1은 신체노출이 없고 수준2는 약간의 신체노출이 있으며 수준3은 정면노출,
수준4는 성적 자극을 주는 노출을 의미한다.
11) 조병인 외, 사이버범죄에 관한 연구, 한국형사정책연구원, 연구보고서, 2000, pp. 12-14.

그러나 사이버공간에는 새로운 사이트가 매일 수백 개나 생겨나고 있어 이를 모두 검색할 수 없다는 점에서 실효성을 거두기 어렵고 전기통신서비스제공업자에 의한 차단정책은 사이버공간상의 다양한 정보제공과 유통에 장애가 될 수 있으며 인터넷속도가 지연될 수 있고 국제적인 정보교환에 피해를 가져올 수 있다는 등의 지적이 있다.

③ 정보이용자의 개인PC에 음란물차단 소프트웨어 설치방식

정보이용자가 직접 개인PC에 음란물 차단소프트웨어를 설치하여 인터넷접속프로그램과 함께 동작하면서 특정한 사이트에 접근을 방지하는 프로그램으로서 정보이용자의 개인PC가 인터넷 접속통로를 직접 감시하는 방법으로 동작하는 것이다. 음란물 차단 소프트웨어는 1995년 미국에서 처음으로 개발된 이후 지금까지 많은 인터넷관련업체가 새로운 소프트웨어를 개발하고 있다. 이러한 소프트웨어는 공급사가 주기적으로 폭력이나 음란물 등 불건전 사이트목록을 갱신해 주거나 부모가 직접 제작한 목록을 이용하여 자녀들이 이 사이트에 접근을 차단하는 URL목록제한 방식과 사이트내용 중에서 누드, 섹스 등 불건전하다고 생각하는 단어들이 포함된 사이트의 접근을 차단하는 키워드제한방식을 사용하고 있다. 이러한 소프트웨어는 부모들에게 자녀교육에 좋지 않은 사이트를 직접 결정하여 이를 차단할 수 있는 기회를 제공하고 있으며 가장 많이 사용되고 있는 방식이라고 할 수 있다.

④ 신용카드를 이용한 요금결제방식

사이버공간상의 음란물 서비스에 대한 요금결제방식으로 청소년 등의 정보이용자의 음란물 접속을 규제하는 것이다. 사이버공간상의 음란물 서비스에 대한 요금결제방식은 현금결제방식, 신용카드결제방식, 결제대행방식이 있다. 현금결제방식은 고객이 요금을 현금으로 결제하면 고객에게 패스워드를 부여하고 고객은 그 패스워드를 입력하여 음란물을 보는 방식이고, 신용카드결제방식은 고객은 요금을 신용카드로 결제하고 고객이 신용카드의 번호를 정보통신서비스제공자에게 알려주면 고객에게 패스워드를 부여하는 방식이며 결제대행방식은 통신회사가 대행하여 요금을 결제하는 방식이다.

이러한 요금결제방식 중에서 음란사이트에 청소년의 접속을 차단하기 위해서는 신용카드결제방식이 가장 타당한 방식이라고 생각된다. 그 이유는 현실적으로 신용카드는 청소년들이 발급받거나 사용하지 못할 뿐만 아니라 사회생활을 하는 성인이 발급받아 사용하고 있다는 점에서 청소년들이 음란물제공에 대하여 신용카드로 결제하는 것은 불가능하기 때문이다. 그러나 사이버공간상의 음란물 서비스는 초기화면이 무료로 제공되는 것이 많고 더 많은 음란물을 시청하려면 대금을 결제해야만 하기 때문에 청소년들로부터 사이버공간상의 음란물을 완전히 차단하는 데는 한계가 있다고 생각된다.

제 9 장

소년사법제도

제9장 소년사법제도

제1절 소년사법제도의 연혁

19세기 초 미국에서는 소년범이 성인범과 동일한 방식으로 일반형사 절차에 의하여 처벌되었다. 그러나 소년의 보호를 강조하는 국가의 책무를 인식하고 소년구제운동이 전개되면서 소년사법제도에 커다란 변화가 있었는데, 1899년 일리노이주 소년법원법(Illinois Juvenile Court Act)이 제정된 것이 그것이다.

미국의 소년사법제도는 영국의 보통법의 영향을 받은 것으로 성장과정에 있는 소년범을 성인범과 구분하고 소년범을 성인범과 동일하게 형사처벌을 하는 것이 아니라 부모가 다하지 못한 후견인의 역할을 국가가 대행한다는 국친사상(Parens Patriae)[1])에 기초를 두고 있다.[2])

---

1) 국친사상이란 국가가 청소년을 보호하는데 어버이로서의 역할을 수행한다는 것으로 청소년을 처벌하기보다는 선도하고 보호해야 한다는 사상을 말한다.
2) 이재구, "미국 소년사법제도의 동향," 사법연수원 교수논문집 제4집, 사법연수원, 2007, pp. 359-383.

소년법원법의 주요 내용은 ① 소년은 성인범죄자와 같은 정도의 책임을 물어서는 안 된다. ② 소년사법제도의 목적은 소년을 처벌하기보다는 처우하고 교화하는 것이다. ③ 처분은 소년들의 특수한 환경과 욕구의 분석을 근거로 예측할 수 있어야 한다. ④ 소년사법제도는 성인형사절차와 구분하여 소년의 보호와 건전한 육성의 관점에서 절차를 진행해야 한다는 것 등이다.

또한 소년법원법은 유기소년(neglected child)과 비행소년(delinquent child)을 구분하고 비행소년은 법을 위반한 16세 미만이라고 규정하고 비행소년에게 보호관찰제도를 실시하였고 후에는 주의 통제와 감시하에 시설수용 등의 프로그램을 도입하였다.

일리노이주의 소년법원법 통과 후에 1917년까지 미국의 3개 주를 제외하고 모든 주가 이러한 유사한 소년법원법을 입법화하였다. 소년법원은 비행소년뿐만 아니라 보호가 필요한 일체의 소년을 관할로 하고 있다는 점에서 의미가 있다.

따라서 소년사법제도의 기능은 소년범죄를 예방하고 소년범죄자를 처벌 및 교화하는 것이었고 판사와 보호관찰관의 역할은 소년의 범죄적 특성을 진단하고 그것을 경감하기 위한 처방을 하는 것이었다.

한편 우리나라의 소년사법제도의 연혁을 보면 다음과 같다. 1923년 비행소년에 대한 보호교육이 체계화되어 조선감화령이 공포되었고 1942년 조선소년령과 조선교정원령이 시행되었으며 1949년 지방법원에 소년부를 설치하였다. 1958년 인도주의, 복리주의, 형사정책적 관점에서 신소년법을 제정하고 1963년 소년의 전문법원인 가정법원을 설치하게 되었다. 그후 1988년 전면개정, 1995년 일부개정을 거쳐 2008년 일부개정되었다.

제2절 | 소년사법 이념

미국의 경우 1899년 이전에는 소년범들은 연령이나 책임능력에 관계없이 성인범과 동일하게 처리되었다. 1899년 일리노이주 소년법원법이 시행된 후에는 소년범은 성인범과 다르게 처리되었고 1925년까지 거의 모든 주에서 소년법원법을 시행하였다. 1950년대부터 1960년대까지 교화모델과 국친사상은 비행을 예방하는 데 실패했다는 사실이 전문가들에 의해 인식되었고 1960년대에서 1970년대까지는 적법절차모델이 소년사법에도 적용되었다. 1970년대부터 1980년대까지 비행을 통제하기 위한 교화모델과 적법절차 모델이 실패하고 소년범을 성인과 같이 강력하게 처벌하는 범죄통제모델로 전환하는 계기가 되었다.

1990년초에 소년사법제도는 처벌과 억제에 중점을 두었고 1990년대 중반 이후부터는 소년범죄의 위협을 감소시키고 소년범죄자의 처리를 위한 대안을 확대하는 전략에 관심을 가지게 되었고 소년범죄의 개입과 통제프로그램을 강조하면서 피해자, 지역사회, 가해자의 피해나 욕구를 회복하는 회복적 사법모델이 등장하게 되었다.

우리나라의 소년법 제1조에서 이 법은 반사회성이 있는 소년의 환경조정과 품행교정을 위한 보호처분 등의 필요한 조치를 취하고 형사처분에 관한 특별조치를 함으로써 소년이 건전하게 성장하도록 돕는 것을 목적으로 한다고 규정하고 있다. 따라서 소년법은 비행소년을 처벌하는 것이 목적이 아니라 보호하는 것을 목적으로 하는 것을 명시하고 있다.

제3절 소년사법모델

1. 교화모델(Rehabilitation Model)

이 모델은 소년비행의 원인이 소년의 잘못된 성격과 행동, 그리고 불우한 환경에 있다고 보고 이러한 성격과 행동을 교화하고 환경을 개선하여 소년비행을 예방해야 한다는 것이다. 따라서 소년사법절차에서는 겉으로 드러난 비행사실보다는 소년의 성향이나 환경을 파악하여 구체적인 비행원인에 따라 개별적인 처우가 이루어져야 한다.

2. 의료모델(Medical Model)

이 모델은 범죄나 비행을 질병으로 생각하고 적절한 치료가 필요하다는 것이다. 이 모델의 목적은 치료가 필요한 소년범에게 조건적 처벌을 하는 것으로 경찰이 소년범이 적절한 치료를 받을 수 있는 지역사회기관으로 송치하여 적절한 서비스를 받도록 하는 것이다. 따라서 경찰관은 질병을 올바르게 진단하고 최선의 치료방법을 알고 있어야 한다. 이 모델은 알코올이나 마약과 관련된 소년범에게 적용할 수 있고 심리상담, 분노조절훈련, 대인관계기술이 필요한 소년에게도 적용할 수 있다.

3. 불개입모델(Nonintervention Model)

이 모델은 소년범이 소년사법체계에 개입된다면 범죄자로 낙인이 찍히게 되는데, 이러한 낙인을 방지하는 것이 목적이다. 가출, 무단결석, 외출제한 위반 등 지위비행에 대한 비시설화(deinstitutionalization of status offenses, DSO)에

적용할 수 있는 모델이기 때문에 오늘날 널리 채택되고 있다.[3]

이 모델은 소년범에 대한 소년법원의 관할권을 배제하고 소년범을 구금시설에 수용하지 않기 위하여 등장한 것이다. DSO는 구금으로 발생할 수 있는 낙인의 악영향을 최소화하고 소년범을 지역사회의 기관이나 서비스에 송치함으로써 소년법원판사들의 업무를 경감시키는 효과도 있다.

4. 적법절차모델(Due Process Model)

이 모델은 보호처분이 비행소년에 대한 기본권을 제한한다는 점에서 국가의 공권력을 수반하는 강제조치라는 점을 중시하고 있다. 따라서 소년의 기본권 보장과 정확한 사실인정을 위하여 형사절차에서 요구하는 적법절차의 원리를 약간의 수정을 거쳐 소년보호절차에도 적용해야 한다는 것이다. 그러나 소년범들이 적법절차에 관한 권리가 보장되어 있지 않다는 점에서 무죄추정의 원리, 묵비권, 변호인의 조력을 받을 권리 등 적법절차가 요구된다고 할 것이다.

5. 정의모델(Justice Model)

이 모델은 처벌중심적이고 복수지향적인 모델로서 국가의 이익을 보장하기 위해서 소년범은 범죄의 중대성에 비례해서 그에 상응한 공정한 처벌을 해야 한다는 것이다. 즉 처벌은 소년범의 욕구와 범죄의 본질과 중대성에 근거해서 부과되어야 한다는 것이다. 따라서 중대한 범죄를 저지른 소년범은 경미한 범죄를 저지른 소년범보다 더 가혹한 처벌을 받아야 한다는 것이다. 그리고 이 모델은 소년범에 의한 피해보상, 배상명령과 같은 피해자적 측면도 고려하고 있는 것이 특징이라고 할 수 있다.

---

3) Dean John Champion, The Juvenile Justice System(N.J.: Upper Saddle River, 2007), pp. 128-130.

6. 범죄통제모델(Crime Control Model)

이 모델은 소년범을 구금시설에 구금하거나 전자감시제도와 같은 집중감시프로그램을 통하여 범죄를 통제한다는 것이다. 이 모델은 소년범을 소년사법절차에 개입시키는 것을 전제로 하고 있고 상습소년범을 무능화하면 재범을 방지할 수 있고 교도소 내의 열악한 환경과 고통을 인식하게 되면 재범을 방지할 수 있으며 감시와 감독을 통해서도 재범을 방지할 수 있다.

7. 회복적 사법모델(Restorative Justice Model)

이 모델은 범죄자에 대한 처우보다는 피해자와 지역사회의 역할을 중시하고 있다. 회복적 사법모델은 범죄를 국가가 아닌 피해자와 지역사회에 대한 침해행위로 파악하여 사법의 중요한 기능인 피해자와 지역사회가 당한 피해를 회복하는 데 목적이 있다. 따라서 피해자에 대한 배상, 피해자에 대한 사과, 범죄피해자 지원, 사회봉사명령 등이 이에 해당한다.

제4절   우리나라의 소년사법제도

1. 소년사법 처리과정의 개관

1) 범죄소년

일반성인범과 같이 경찰에 의하여 검거되어 검찰에 송치되고 형사법원에 기소되며 형이 확정되면 소년교도소에 수용한다.

2) 촉법소년이나 우범소년

촉법소년과 우범소년이 있을 때에는 경찰서장은 직접 관할소년부에 송치하여야 한다. 범죄소년, 촉법소년, 우범소년을 발견한 보호자 또는 학교, 사회복리시설, 보호관찰소의 장은 관할소년부에 통고할 수 있다. 소년부에서는 검찰청 송치, 형사법원 이송, 심리불개시, 불처분, 보호처분 등의 결정을 하게 된다. 보호처분을 결정하여 단기 소년원 송치나 소년원 송치처분을 받게 되면 소년원에 수용하게 된다.

3) 보호관찰

소년교도소에서 가석방되거나 소년원에서 임시퇴원하기 위하여 보호관찰심사위원회의 심사, 결정을 거쳐 보호관찰을 부과하게 된다.

2. 소년보호처분

1) 의의

보호처분은 자유를 박탈하고 제한하기 때문에 범죄자의 개선·갱생을 도모하고 사회방위를 기대하는 점, 처우기간이 부정기적이라는 점 등으로 미루어 보아 보안처분의 일종으로 보아야 하지만 요보호성을 핵심적인 내용으로 하고 있으므로 소년을 보호한다는 사상에서 유래한 것이다.

2) 관할과 보호대상

소년의 행위지, 거주지 또는 현재지의 가정법원 소년부 또는 지방법원 소년부에 속하며, 그 심리와 처분의 결정은 소년부 단독판사가 행한다.

보호대상으로서의 소년은 10세 이상 19세 미만의 남녀를 말하며 19세 미만이라는 것은 심판의 조건이므로 그 상태는 심판종료시까지 계속되어야 한다. 따라서 연령의 판단시점은 행위시가 아니라 결정시라고 할 수 있다.

3) 처리과정

비행소년의 처리과정을 보면 다음 〈그림 1〉과 같다.

〈그림 1〉 비행소년의 처리과정

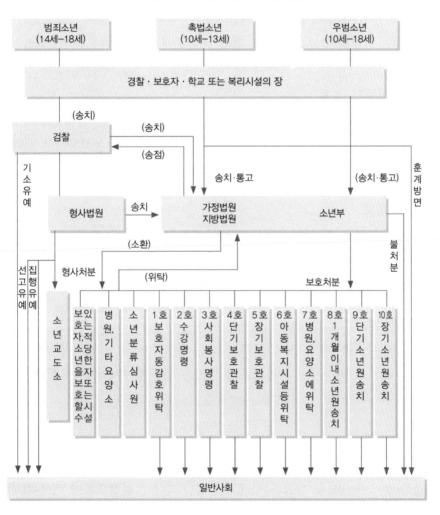

(1) 송치

① 경찰서장의 송치

촉법소년과 우범소년이 있을 때에는 경찰서장이 직접 관할 소년부에 송치하여야 한다(소년법 제4조 제2항).

② 검사의 송치

검사는 소년에 대한 피의사건을 수사한 결과 보호처분에 해당하는 사유가 있다고 인정한 경우는 사건을 관할 소년부에 송치하여야 한다(소년법 제49조 제1항).

③ 법원의 송치

법원은 소년에 대한 피고사건을 심리한 결과, 보호처분에 해당할 사유가 있다고 인정할 때에는 결정으로써 사건을 관할 소년부에 송치하여야 한다(소년법 제50조).

(2) 통고

보호자 또는 학교와 사회복리시설, 보호관찰(지)소의 장은 범죄소년, 촉법소년, 우범소년을 발견하였을 때에는 이를 관할 소년부에 통고할 수 있다(소년법 제4조 제3항).

(3) 이송

소년부는 송치받은 사건을 조사 또는 심리한 결과, 사건의 본인이 19세 이상인 것으로 밝혀지면 결정으로써 사건을 법원에 이송하여야 한다(소년법 제51조).

(4) 송검

소년부는 송치된 사건을 조사 또는 심리한 결과 그 동기와 죄질이 금고 이상의 형사처분을 할 필요가 있다고 인정할 때에는 결정으로써 해당 검찰청 검사에게 송치할 수 있다(소년법 제49조 제2항).

4) 감호에 의한 임시조치(제18조)

(1) 의의

소년부 판사는 사건의 조사, 심리의 필요에 의하여 소년의 신병을 확보하는 조치를 한다.

(2) 종류

① 보호자, 소년을 보호할 수 있는 적당한 자 또는 시설에 위탁하는 경우는 3월 ② 병원이나 그 밖의 요양소에 위탁하는 경우는 3월 ③ 소년분류심사원에 위탁하는 경우는 1월을 초과하지 못하고 특별히 계속 조치할 필요가 있을 때에는 한 번에 한하여 결정으로써 연장할 수 있다.

(3) 요건

① 심리조건이 있을 것

② 소년이 범죄를 행하였다고 의심할 만한 상당한 사유가 있을 것

③ 심리개시의 개연성이 있을 것

④ 소년의 신병을 확보할 필요가 있을 것

⑤ 소년이 긴급한 보호를 필요로 할 것

⑥ 소년을 수용하여 심신감별의 필요가 있을 것 등이다.

5) 종국결정

(1) 심리불개시 결정

① 형식적 심리불개시 결정

심리개시요건이 결여된 때 행하는 것으로 심판권이 없을 때, 소년이 실재하지 않을 때, 소년이 10세 미만이거나 19세 이상인 때이다.

② 실질적 심리불개시 결정

심리개시요건은 충족되어 있으나 비행사실 또는 요보호성에 대한 개연성이 없는 경우에는 심리를 개시할 필요가 없는 경우에 행한다.

(2) 불처분 결정

소년부 판사는 심리결과, 보호처분을 할 수 없거나 할 필요가 없다고 인정하는 때에는 처분을 하지 아니한다는 결정을 하여야 하고 이 결정은 본인과 보호자에게 통지해야 하는데 이를 불처분결정이라고 한다.

(3) 법원으로의 이송결정

소년부판사는 법원으로부터 송치받은 사건을 조사, 심리한 결과 본인이 19세 이상임이 판명되면 결정으로서 송치한 법원에 사건을 다시 이송한다.

(4) 보호처분 결정

보호처분이란 비행소년에 대하여 환경의 조정과 성행의 교정을 목적으로 필요한 처분을 행하는 것을 말한다. 보호처분의 종류는

① 1호처분: 보호자 또는 보호자를 대신하여 소년을 보호할 수 있는 자에게 감호를 위탁하는 것으로 그 기간은 6월로 하되 결정으로서 6월의 범위 안에서 1차에 한하여 그 기간을 연장할 수 있다.

② 2호처분: 수강명령으로서 12세 이상의 소년에게만 부과할 수 있고 100시간을 초과할 수 없다.

③ 3호처분: 사회봉사명령으로서 14세 이상의 소년에게만 부과할 수 있고 200시간을 초과할 수 없다.

④ 4호처분: 보호관찰관의 단기보호관찰을 받게 하는 것인데 그 기간은 1년이다.

⑤ 5호처분: 보호관찰관의 장기보호관찰을 받게 하는 것인데 그 기간은 2년이고 보호관찰관의 신청에 따라 결정으로서 1년의 범위 안에서 1차에 한하여 그 기간을 연장할 수 있다.

⑥ 6호처분: 아동복지법상 아동복지시설이나 기타 소년보호시설에 감호를 위탁하는 것인데 그 기간은 6월로 하되 소년부 판사는 결정으로서 6월의 범위 안에서 1차에 한하여 그 기간을 연장할 수 있다.

⑦ 7호처분: 병원, 요양소 또는 '보호소년 등의 처우에 관한 법률'에 따른 소년의료보호시설에 위탁하는 것인데 그 기간은 6월로 하되 소년부 판사는 결정으로서 6월의 범위 안에서 1차에 한하여 그 기간을 연장할 수 있다.

⑧ 8호처분: 1개월 이내에 소년원에 송치하는 것이다.

⑨ 9호처분: 단기로 소년원에 송치하는 것인데 수용기간은 6월을 초과하지 못한다.

⑩ 10호처분: 장기로 소년원에 송치하는 것으로 12세 이상의 소년에 대하여 부과할 수 있고 그 기간은 2년을 초과하지 못한다.

소년부판사는 1호처분＋2호처분＋3호처분＋4호처분을 병합처분할 수 있고 1호처분＋2호처분＋3호처분＋5호처분을 병합처분할 수 있다. 그리고 4호처분＋6호처분, 5호처분＋6호처분, 5호처분＋8호처분을 병합처분할 수 있다.

그리고 보호관찰처분에 따른 부가처분으로서 ① 3월 이내의 기간을 정하여 대안교육 또는 소년의 상담, 선도, 교화와 관련된 단체나 시설에서의 상담교육명령을 부과할 수 있고 ② 1년 이내의 기간을 정하여 야간 등 특정시간대의 외출제한명령을 보호관찰대상자의 준수사항으로 부과할 수 있으며 ③ 보호자에게 소년원, 소년분류심사원, 보호관찰소 등에서 실시하는 소년의 보호를 위한 특별교육 수강명령을 부과할 수 있다.

6) 항고

보호처분의 결정, 보호처분의 부가처분의 결정 또는 보호처분 부가처분 변경결정이 해당 결정에 영향을 미친 법령위반이 있거나 중대한 사실오인이 있는 때 또는 처분이 현저히 부당한 경우에는 본인, 보호자, 보조인 또는 그 법정대리인은 관할 가정법원 또는 지방법원 본원 합의부에 항고할 수 있고 항고의 제기기간은 7일이다.

3. 소년원과 소년분류심사원

1) 소년원

소년원은 소년법상 범죄소년, 촉법소년, 우범소년을 수용·보호하면서 법원 소년부의 송치처분을 집행하는 국가기관이다.

우리나라의 경우 소년원은 초중등교육법에 의한 교과교육, 근로자직능 개발법에 의한 직업능력개발훈련, 약물남용, 발달장애, 신체질환 등으로 치료 나 재활이 필요한 의료재활교육, 사회봉사활동, 국토순례, 야영훈련, 공연관 람 등 인성교육을 병행하여 청소년의 건전한 육성을 도모하는 것을 임무로 하고 있다. 소년원은 서울 부산, 대구, 광주, 전주, 대전, 안양, 청주, 춘천, 제주 등 전국에 10개 기관이 설치·운영되고 있다.

소년원 처우과정은 소년의료보호시설 위탁(7호), 1개월 이내 과정(8호), 단기과정(9호), 장기과정(10호)으로 구분하여 소년법 제32조 제1항 7~10호처 분을 집행하고 있다.

7호처분은 병원, 요양소에 또는 보호소년 등의 처우에 관한 법률상의 소년의료보호시설에 위탁하는 것으로 현재 대전소년원에서 위탁소년을 처우 하고 있으며 위탁기간은 6개월이며 소년부판사의 결정에 따라 6개월 범위 내에서 그 기간을 연장할 수 있다. 8호처분은 1개월 이내로 소년원에 송치하 고 9호처분은 6개월을 초과할 수 없으며 10호처분은 2년을 초과할 수 없다.

보호소년은 교육과정을 마치면 퇴원 또는 임시퇴원하게 되는데 퇴원은 소년원장이 법무부장관의 허가를 받아야 하며 임시퇴원은 보호소년의 교정 성적이 양호하고 재범의 위험성이 없다고 인정하는 경우 소년원장이 보호관 찰심사위원회에 임시퇴원을 신청하고 보호관찰심사위원회는 소년원장의 신 청 또는 직권으로 보호소년의 인격, 교정성적, 생활태도 등을 참작하여 임시 퇴원의 적부를 심사한 후 6개월~2년의 범위 내에서 보호관찰의 기간을 정하 여 법무부장관의 허가를 받아 실시하고 있다.

2) 소년분류심사원

소년분류심사원은 소년법 제18조 제1항 제3호의 규정에 의하여 가정법원 또는 지방법원 소년부에서 위탁된 소년을 수용하여 이들의 자질과 비행원인을 과학적으로 진단하여 어떠한 처분이 적합한가를 분류심사하는 국가기관이다. 즉 소년분류심사원은 의학, 심리학, 교육학, 사회학 기타 전문지식에 의하여 소년의 자질을 분류심사하고 소년부에 그 결과를 송부하여 결정의 참고자료로 사용토록 하고 소년원과 보호관찰소에 처우지침을 제공하고 보호자에게 사후지도방법을 권고하는 기능을 수행하고 있다.

소년분류심사원은 전국에 서울, 부산, 대구, 광주, 대전 5개가 설치되어 운영되어 오다가 2007년 소년보호기관의 조직개편에 따라 서울소년분류심사원을 제외한 나머지 분류심사원은 청소년비행예방센터로 전환하여 운영되고 있다. 소년분류심사원이 설치되지 않은 부산, 대구, 광주, 춘천, 제주 등 6지역은 소년원에서 업무를 대행하고 있으며 소년원이 설치되지 않은 인천, 수원은 서울소년분류심사원에서 위탁소년의 수용관리와 분류심사업무를 담당하고 있다.

위탁소년의 수용은 소년법 제18조 제1항 제3호 및 보호소년등의처우에관한법률 제2조의 규정에 따라 가정법원의 위탁결정에 의한다.

신입수용된 위탁소년에 대해서는 지체없이 건강진단과 위생에 필요한 조치를 취하고 보호자에게 수용사실을 통지한다. 위탁소년은 성별, 연령별, 비행의 질, 공범유무, 질병 여부를 고려하여 분류수용하고 인권보호와 보건위생, 비행의 감염방지에 적정을 기함과 동시에 소년들이 교육적 환경에서 안정감을 갖고 생활하도록 배려하고 있다. 소년분류심사원의 위탁기간은 1개월을 초과하지 못한다. 다만 기간연장이 필요한 경우에는 소년법 제18조 제3항에 따라 가정법원의 결정으로 1회에 한하여 이를 연장할 수 있다.

분류심사는 비행소년의 요보호성4) 여부와 그 정도를 과학적으로 진단하여 교정교육을 위한 구체적인 방법을 밝혀주는 일련의 활동을 말한다. 분류심사는 심사대상에 따라 수용분류심사와 외래분류심사, 실시방법에 따라 일반분류심사와 특수분류심사로 구분한다. 수용분류심사는 가정법원에서 위탁된 소년을 대상으로 하며 외래분류심사는 가정, 학교, 사회단체에서 의뢰한 소년을 대상으로 한다. 일반분류심사는 수용된 모든 소년을 대상으로 하며 비행요인이 경미한 소년에 대하여 면접, 신체의학적 진찰, 표준화검사, 행동관찰 등을 실시하며 일반분류심사의 결과 비행요인이 중대한 소년에 대하여 개별검사, 정신의학적 진단, 자료조회, 현지조사 등 특수분류심사를 추가하여 실시한다. 이러한 조사결과를 바탕으로 담당분류심사관과 교육학, 심리학 등의 전문가들로 구성된 분류심사위원회에서 재비행위험성 정도를 판정한다.

4. 형사처분

1) 의의

소년의 형사사건은 성인의 형사사건과는 구분하여 특별하게 취급을 할 필요성이 있다. 소년법 제48조는 소년에 대한 형사사건에 관하여는 이 법에 특별한 규정이 없으면 일반형사사건의 예에 따른다고 규정하고 있다.

2) 특칙

(1) 절차상의 특칙

검사는 소년 피의사건에 대한 각종 처분을 결정하기 위하여 피의자 주거지, 또는 검찰청 소재지를 관할하는 보호관찰소장, 소년원장 등에게 피의자의 품행, 경력, 생활환경 등에 관한 사항에 대한 조사를 요구할 수 있고(소년법

---

4) 요보호성이란 소년의 성격과 행동에서 나타난 여러가지 문제점을 방치할 경우 범죄로 이어질 수 있는 위험요인을 말하며 요보호성 여부의 판별이 분류심사의 중요한 기준이 된다.

제49조의2; 검사의 결정전 조사), 검사는 피의자에 대하여 범죄예방자원봉사위원의 선도와 소년선도단체 등의 상담 등을 조건으로 피의사건에 대한 공소를 제기하지 않을 수 있다(소년법 제49조의3; 선도조건부 기소유예). 소년에 대한 구속영장은 부득이한 경우가 아니면 발부하지 못한다(소년법 제55조 제1항). 소년을 구속하는 경우에는 특별한 사정이 없으면 다른 피의자나 피고인과 분리하여 수용하여야 한다(소년법 제55조 제2항).

(2) 심판상의 특칙

소년에 대한 형사사건의 심리는 다른 피의사건과 관련된 경우에도 심리에 지장이 없으면 그 절차를 분리하여야 한다(소년법 제57조). 죄를 범할 당시 18세 미만인 소년에 대하여 사형 또는 무기형으로 처할 것인 때에는 15년의 유기징역으로 한다(소년법 제59조).

소년이 법정형으로 장기 2년 이상의 유기형에 해당하는 죄를 범한 경우에는 그 형의 범위 내에서 장기와 단기를 정하여 선고한다. 단, 장기는 10년, 단기는 5년을 초과하지 못한다(소년법 제60조). 18세 미만의 소년에게는 노역장유치를 선고하지 못한다(소년법 제62조).

(3) 교정상의 특칙

징역 또는 금고의 선고를 받은 소년에 대하여는 특히 설치된 교도소 또는 일반교도소 안에 특별히 분리된 장소에서 그 형을 집행한다. 다만 소년이 형의 집행 중에 23세가 되면 일반교도소에서 집행할 수 있다(소년법 제63조).

징역 또는 금고의 선고를 받은 소년에 대하여 무기형은 5년, 15년의 유기형은 3년, 부정기형은 단기의 1/3을 경과하면 가석방을 허가할 수 있다(소년법 제65조). 징역 또는 금고의 선고를 받은 소년이 가석방된 후 그 처분이 취소되지 아니하고 가석방 전에 집행을 받은 기간과 같은 기간이 지난 경우에는 형의 집행을 종료한 것으로 한다(소년법 제66조).

소년이었을 때 범한 죄에 의하여 형의 선고 등을 받은 자에 대하여 다음 각 호의 경우 자격에 관한 법령을 적용할 때 장래에 향하여 형의 선고를 받지 아니한 것으로 본다. ① 형을 선고받은 자가 그 집행을 종료하거나 면제받은 경우 ② 형의 선고유예나 집행유예를 선고받은 경우

이러한 경우에도 불구하고 형의 선고유예가 실효되거나 집행유예가 실효·취소된 때에는 그 때에 형을 선고받은 것으로 본다(소년법 제67조).

5. 벌칙

신문이나 방송의 보도금지(소년법 제68조), 나이의 거짓진술 금지(소년법 제69조), 소년사건과 관련기관의 조회응답 불허(소년법 제70조), 소환의 불응과 보호자특별교육명령 불응(소년법 제71조)의 경우 처벌을 받는다고 규정하고 있다.

6. 소년교도소

1) 수용

소년교도소는 소년범을 성인범과 분리, 처우하기 위하여 설치된 기관이다.

징역 또는 금고형을 선고받은 소년에 대하여는 소년교도소에 수용함을 원칙으로 하고 일반교도소에 수용하는 경우에는 분리된 장소에 수용한다. 다만 소년교도소에 수용 중에 19세가 된 경우에도 교육프로그램작업이나 작업 등을 실시하기 위하여 특히 필요하다고 인정되면 23세가 되기 전까지 계속하여 수용할 수 있다.

천안소년교도소는 2010년부터 외국인 전담수용시설로 변경되었고 현재 김천소년교도소가 소년범을 집중하여 수용하고 있다. 여자는 일반교도소 내의 분계된 장소에서 수용한다.

2) 교정교육

교정교육은 범죄적 특성을 교화하고 재범에 이르지 않고 사회에 유용한 일원으로서 복귀시키는 데 목적을 두고 있으며 학과교육, 직업훈련, 생활지

도, 교화활동 등으로 교정교육이 이루어지고 있다.

소년교도소는 초등과, 중등과, 고등과 등을 두어 학과교육을 실시하고 있으며 이 밖에 검정고시반을 편성, 운영하고 있다. 김천소년교도소는 김천고등학교에 부설된 방송통신고등학교 교과과정을 편성, 운영하고 있다.

고용노동부의 인가를 받아 자격취득을 목표로 하는 공공직업훈련과 고용노동부의 인가없이 면허를 취득하기 위한 일반직업훈련, 그리고 기업체 또는 독지가로부터 시설, 장비, 교사 등의 지원을 받아 실시하는 지원훈련을 실시한다.

3) 가석방

소년수형자는 형기가 종료하면 출소하게 되지만 형기가 종료하기 전에도 가석방될 수 있다. 가석방의 경우 무기형은 5년, 15년의 유기형은 3년, 부정기형의 경우 단기의 1/3이 지나면 가능하다.

제5절   외국의 소년사법제도

미국의 소년사법은 주에 의하여 운영되고 있으며 주에 따라 차이가 있다. 대부분의 주는 국친사상의 영향으로 형사절차가 아닌 민사절차, 법률적 절차가 아닌 행정절차로 진행되고 있는 것이 특징이다.

1. 미국

1) 대상소년

미국의 소년법원이 관할하는 대상소년은 대부분의 주에서 여섯 가지로 정하고 있다.5)

---

5) Frank Schmalleger, Criminal Justice(N.J.: Prentice Hall, 2008), pp. 461-463.

① 비행소년(delinquent child)

우리나라의 범죄소년에 해당하며 범죄행위를 한 소년의 낙인을 방지하기 위하여 비행소년이라고 한다.

② 규율위반소년(undisciplined child)

우리나라의 우범소년에 해당하며 부모나 교사의 정당한 권위에 복종하지 않고 거부하거나 부모의 통제범위를 벗어난 소년을 말한다.

③ 요보호소년(dependent child)

보호해 줄 부모나 보호자가 없는 소년을 말한다.

④ 유기소년(neglected child)

소년이 영양실조나 질병에 걸렸는데도 부모로부터 적절한 보호를 받지 못하고 방치되어 있는 소년을 말한다.

⑤ 학대소년(abused child)

보호자에 의하여 신체적, 정신적 학대를 받은 소년을 말한다.

⑥ 지위범죄자(status offender)

가출, 음주, 무단결석과 같이 소년이라는 지위로 인해서 도덕규범에 위배되는 행위를 한 소년을 말한다.

그리고 소년법원은 청소년비행에 원인을 제공한 성인에 대해서도 관할권을 가지고 있다. 예를 들면, 소년을 유기하거나 양육의무를 위반하거나 의무교육을 이행하지 않은 부모나 성인 등이 이에 해당한다. 비행소년의 상한연령은 대부분의 주가 18세 미만의 소년사건을 소년법원에서 심리하는 것을 원칙으로 하고 있다.6)

---

6) 소년법원의 관할 상한연령기준이 18세 미만인 주는 앨라배마, 알래스카, 아리조나, 아르칸사스, 캘리포니아, 콜로라도, 델라웨어, 플로리다, 하와이, 아이다호, 인디애나, 아이오와, 켄터키, 메인, 메릴랜드, 미네소타, 미시시피, 몬태나, 네브래스카, 네바다, 뉴저지, 뉴멕시코, 노스다코타, 오하이오, 오클라호마, 오레곤, 펜실바니아, 로드아일랜드, 사우스다코타, 테네시, 유타, 버몬트, 버지니아, 워싱톤, 웨스트버지니아, 와이오밍 37개 주이고 17세 미만인 주는 조지아, 일리노이, 루이지애나, 매사추세츠, 미시간, 미조리, 뉴햄프셔, 사우스캐롤라이나, 텍사스, 위스콘신 10개 주이며 16세 미만인 주는 코네티컷, 뉴욕, 노스캐롤라이나 3개 주이다(Joseph .J. Senna·Larry J. Siegel, Essentials of Criminal Justice(CA: Wadsworth. 2001), p. 473.

2) 소년사법과정

(1) 경찰단계

대부분의 주는 성인범 체포절차와 구분되는 소년범 체포절차를 정하는 규정을 두고 있지 않고 경찰은 소년법원의 관할사건이라고 인정하면 언제든지 비행소년을 체포할 수 있는 광범위한 권한을 가지고 있다.

경찰이 비행소년을 발견하면 훈방할 것인가 혹은 소년법원에 송치할 것인가를 결정할 수 있다. 따라서 경찰은 비행소년의 수사 및 체포단계에서 소년의 건전한 육성의 관점에서 성인범보다는 많은 재량권을 행사할 수 있다. 비행소년의 구금 여부는 체포당시에 존재하는 범죄의 유형과 중대성, 부모의 훈육능력, 과거의 경찰과 접촉경험, 소년의 범행의 부인 여부 등 상황을 고려하여 결정하게 된다.

일반적으로 경찰은 중대한 폭력사건과 재산범죄사건은 소년법원으로 송치하지만 소년들 사이의 경미한 폭력사건, 상점절도, 가출사건 등은 소년법원에 송치하지 않고 전환제도를 활용하게 된다. 경찰은 거리에서 소년을 발견한 즉시 부모에게 인계하거나 귀가조치를 하거나 사회봉사프로그램에 송치하고 있다. 따라서 경찰이 취할 수 있는 조치는 훈방(warning), 경찰서에서의 상담후 부모인계(making a station adjustment), 전환기관 회부(reffering to a diversion agency), 소환장 발부 및 소년법원에 송치(issueing a citation and reffering to the juvenile court), 유치센터 수용(taking to the detention center) 등이다.[7]

먼저 훈방은 경미한 비행소년에 대하여 거리에서 혹은 경찰관서에서 비공식적으로 훈계한 후 사회로 석방하는 것이다. 경찰서에서의 상담 후 부모인계는 비행소년에 대하여 공식적으로 훈계 및 조사절차를 마친 후 부모에게 인계하는 것이다. 전환기관 회부는 비행소년을 BBS(Big Brothers&Big Sisters), 가출센터, 정신건강센터 등 전환기관에 송치되는 것이지만 경찰이 자체적으로 전환프로그램을 운영하는 경우도 있다.

---

7) Clemens Bartollas, Juvenile Delinquency(Boston: Pearson, 2006), pp. 433-435.

소환장 발부 및 소년법원에 송치는 경찰이 소년법원에 송치하기 위하여 소환장을 발부하는 것이다. 소년법원의 조사관(intake officer)은 심리개시신청의 여부를 결정한 후 심리개시를 결정하면 비행소년은 소년법원 판사에게 출두하게 된다.

마지막으로 유치센터의 수용은 경찰이 소년법원에 송치한 후 소년법원의 처분이 있을 때까지 유치센터에 수용하는 것이다. 유치센터의 조사관은 비행소년을 부모에게 돌려보내거나 유치센터에 수용할 것인가를 결정할 수 있다. 유치센터에 수용되는 경우는 비행소년이 자기 또는 타인에게 위험하다고 인정되거나 가정에서 보호해줄 사람이 없을 경우에 수용된다. 지위범죄자는 은신보호시설(shelter care facilities)에 수용되고 유치센터가 부족한 지역에서는 소년수용에 필요한 카운티제일이나 교도소에 수용되고 있다.

(2) 처분전 절차

① 구금 심리(detention hearing)

미국의 소년법원법에서 경찰이 비행소년을 소년법원의 조사관에게 송치할 것인가, 유치시설에 보낼 것인가 아니면 비행소년을 부모에게 인계할 것인가를 규정하고 있다. 구금기준은 소년을 보호하고 공공의 안전을 보장하기 위하여 필요한 경우라고 정하고 있고 구금심리로부터 구금결정은 주말과 공휴일을 제외한 48시간에서 72시간 내에 이루어진다. 소년법원의 판사보다는 조사관(intake officer)이 구금심리를 수행하는 주가 있고 판사가 유치시설의 운영과 관리에 책임을 지고 있는 주도 있다.

② 심리개시단계(intake process)

심리개시단계는 소년사건에 대한 심리를 통하여 관할권이 있는지, 심리개시요건이 충족되었는가를 결정하는 예비적 조사절차이다. 대규모의 소년법원은 조사전담부서를 두고 이러한 기능을 수행하고 있고 소규모의 소년법원은 보호관찰관이 이러한 기능을 수행하고 있다.

심리개시절차를 보면 다음과 같다. 일반적으로 비행소년에 대해서는 경찰이 소년법원에 사건을 송치하지만 부모, 피해자, 학교관계자, 보호관찰관, 사회봉사기관관계자 등이 소년법원에 직접 통고할 수 있다. 소년법원의 조사관은 소년사건을 송치 및 통고받으면 첫째, 당해 소년법원이 관할권이 있는가의 여부를 결정해야 한다. 둘째, 조사관은 관할권이 있다고 인정되면 당해 법원에서 사건을 심리해야 하는가를 결정하기 위하여 예비적 면접과 조사를 해야 한다. 따라서 조사관은 심리개시 여부에 있어서 광범위한 재량권을 가지고 있다.

특히 조사관은 소년사건에 대하여 다섯 가지의 처분을 할 수 있다. 첫째, 기각(outright dismissal of complaint)은 법적 관할권이 존재하지 않거나 사건이 경미한 경우에 행하는 처분이다. 둘째, 비공식적 조정(informal adjustment)은 조사관이 비행소년에게 배상하게 하거나 훈방을 한 후 기각하거나 사회복지기관에 위탁하는 것이다. 셋째, 비공식적 보호관찰(informal probation)은 자원봉사자나 보호관찰관의 감독을 받는 것이다. 넷째, 동의명령(consent decree)은 소년법원의 감독하에 있을 것이라는 소년과 법원의 동의를 말하며 비공식적 조정과 비공식적 보호관찰의 중간단계에 있는 것이 특징이다. 마지막으로 이와 같은 처분이 불합리하다고 인정하면 정식재판신청(filing of petition)을 하게 된다.

③ 이송절차(Transfer Procedure)

미국의 모든 주는 소년범을 성인형사법원에 이송하는 법적 기준이나 규정을 가지고 있다.8) 각주마다 사정은 다르지만 비행소년의 성인법원으로의 이송이 증가하는 추세에 있다. 그 원인은 비행소년의 연령을 하향조정하거나 특정범죄를 소년법원의 관할에서 배제하거나 중대한 범죄를 성인법원으로 이송하는 입법을 한 데서 기인한 것이다.9)

(3) 처분절차단계

소년법원의 처분절차의 단계는 사실인정심리(adjudicatory hering), 처분심리(disposition hearing), 처분결정(judicial alternatives)으로 진행된다.

---

8) 예를 들면, 15개 주는 살인범을 소년법원의 관할에서 배제하고 있다.
9) Emily Gaarder and Joanne Belknap, "Tenuous Borders: Girls Transferred to Adult Court," Criminology, August 2002, p. 481.

① 사실인정심리

소년범이 유죄를 인정하지 않고 성인법원으로 이송되지 않는다면 사실 인정심리가 사건의 진실을 규명하기 위하여 개최된다. 소년법원은 사건송치 서에 근거하여 비행사실과 증거를 심리하고 법과 사실의 시비를 다루고 형사 절차에서 적용되는 증거규칙을 소년사건에도 적용하게 된다.

사실인정심리는 소년의 진술, 검사와 변호인의 증거제시, 증인에 대한 반대심문, 판사의 사실규명 순으로 진행된다. 이 단계에서 소년범은 변호권, 묵비권, 대질심문 및 반대심문권, 배심원평결 등 성인범에게 주어지는 절차적 권리를 부여받고 있다.

소년법원은 사실인정절차에서 소년범에게 공식적으로 재판을 받을 권리 가 있다는 사실을 통지하고 사실인정을 위한 진술의 책임을 인지시킨다. 소년 이 범죄사실을 인정하면 더 이상 심리를 진행하지 않는다. 소년범은 처분 중 에 유치될 수 있고 유치된 소년범은 보석으로 석방될 수 있다. 유죄답변거래 (plea bargaining)[10]는 이 단계에서 가능하다.

중대한 범죄를 저지른 소년범은 범죄유형, 소년의 전과기록, 소년의 교 화가능성 등에 따라 성인법원으로 이송된다.

② 처분심리

사실인정심리에서 소년이 유죄라는 사실을 인정하면, 법원은 소년을 어떻게 처리해야 하는가를 결정해야 한다. 대부분의 주소년법은 재판과 분 리된 처분을 필수적으로 규정하고 있는데, 처분은 재판보다 공식적인 것이 아니며 판사는 범죄의 경중, 소년의 전과기록, 가정배경 등을 근거로 처분을 부과한다.

처분심리의 목적은 개별화된 사법을 구현하고 소년범의 교화가능성의 정도를 파악하여 적절한 처분을 하는 것이 목적이라고 할 수 있다. 처분심리 의 출발점은 보호관찰관에 의하여 준비되는 사회조사보고서(wrritten social

---

10) 검찰의 가벼운 구형을 조건으로 피고인이 유죄를 인정하는 거래를 말한다.

study)이다. 이 보고서는 학교출결상황과 성적, 가정구조와 지원상황, 책임감
과 성숙도, 교우관계, 지역사회활동에 참여정도, 교사 등의 권위자에 대한 태
도 등의 요인을 검토하고 조사한다.

③ 처분결정

소년법원 판사가 내릴 수 있는 처분결정은 다음과 같다.

기각(dismissal), 배상명령(restitution), 정신치료(psychiatric therapy), 보호관찰
(probation), 양육가정(foster home), 주간처우프로그램(day treatment program), 지역사회
거주프로그램(community-based residential program), 정신병원수용(institutionalization of
mental hospital), 시의 시설수용(city institution), 주 혹은 사설 소년원(state or private
training school), 성인범 시설이나 소년범 시설 수용(adult facilities or youthful offender
facilities) 등이다. 따라서 판사의 처분결정은 소년, 가정, 지역사회에 최선의 이익을
가져다주는 방향으로 이루어진다고 할 수 있다.

2. 일본

1) 비행소년의 범위

1949년부터 시행된 소년법은 20세 미만인 자를 소년으로 정의하고 비행
소년을 범죄소년(죄를 범한 소년), 촉법소년(14세에 이르지 아니한 자로서 형벌법령
에 저촉한 행위를 한 소년), 우범소년(성격 또는 환경에 비추어 장래에 죄를 범하거나
형벌법령에 저촉되는 행위를 할 우려가 있는 소년)으로서 보호자의 정당한 감독에
복종하지 않는 성벽이 있을 것, 정당한 이유없이 가정에서 이탈하는 것, 범죄
성이 있는 자 또는 부도덕한 자와 교제하거나 유해한 장소에 출입하는 것,
자기 또는 타인의 덕성을 해할 행위를 할 성벽이 있는 것이다. 또한 소년경찰
활동요강에는 불량행위소년과 요보호소년을 규정하고 있다.

불량행위소년은 비행소년에 해당하지 않지만 비행의 전 단계에서 음주,
흡연, 심야배회, 폭주행위, 약물사용, 가출, 무단결석 등 기타 자기 또는 타인
의 덕성을 해하는 행위를 한 소년으로 정의하고 있고 요보호소년은 비행소년

에 해당하지 않지만 학대 또는 혹사를 당하거나 방임된 소년, 기타 아동복지법에 의한 복지를 위한 조치가 필요하다고 인정되는 소년으로 정의하고 있다.

2) 비행소년 처리과정

일본의 비행소년 처우흐름도를 보면 〈그림 2〉와 같다.

〈그림 2〉 일본의 비행소년 처우흐름도

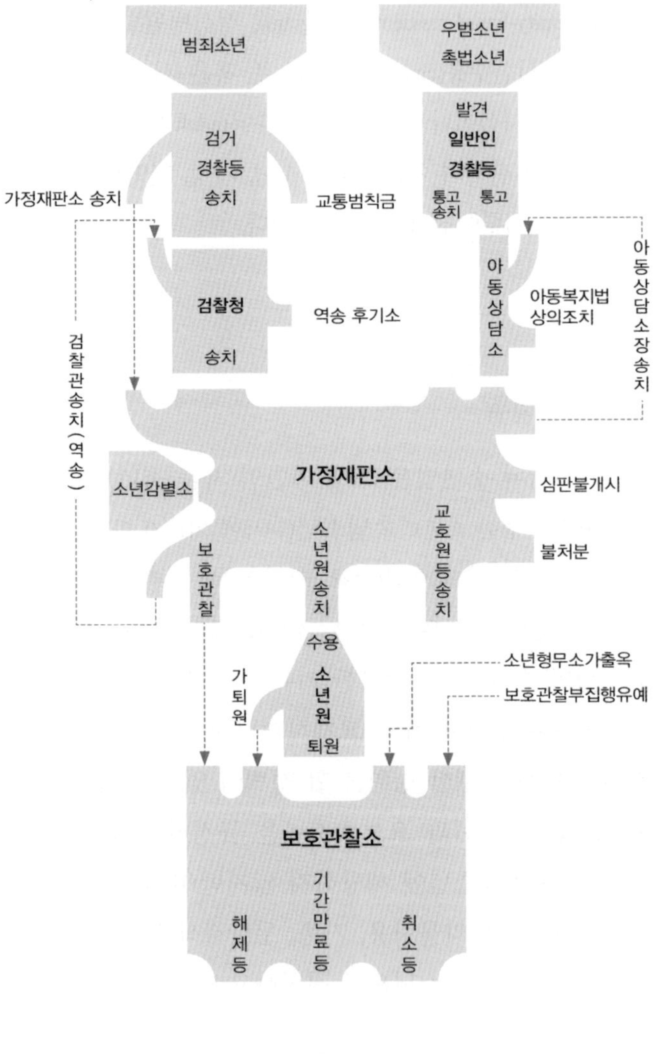

(1) 처분결정전 절차

비행소년의 발견에서부터 가정재판소의 종국결정까지의 절차를 개관해 보면 다음과 같다.

먼저 범죄소년의 경우 경찰에 의해서 발견되고 수사결과 벌금형 이하인 경우는 경찰에서 가정재판소로 송치되고 금고형 이상의 경우에는 검찰로 송치되며 수사진행과정에 범죄혐의가 있다고 사료되는 경우에는 사건을 가정재판소에 송치하도록 규정하고 있어서 전건송치주의를 채택하고 있다.

이외에 가정재판소의 조사관이 보고(조사 중 다른 범죄를 발견한 때)하거나 일반인의 통고로 가정재판소의 보호사건으로 다루게 된다.

촉법소년은 아동복지법을 적용받고 일반인의 통고에 의하여 경찰이 다루게 되지만 특히 보호자 없는 아동이거나 보호자에게 감독받는 것이 부적당하다고 인정되는 아동은 아동상담소 또는 복지사무소에 통고할 의무가 있다.

통고가 필요 없는 경우에도 경찰은 주의나 조언을 행하고 필요한 경우에는 보호자와 연락하여 의뢰가 있으면 계속보도를 한다. 통고된 소년에 대하여 아동상담소장이 가정재판소에의 심판을 받는 것이 적당하다고 인정한 경우에 한하여 가정재판소가 심판한다.

비행소년이 14세 미만인 경우는 촉법소년과 동일한 절차로 처리된다. 14세 이상 18세 미만인 경우는 경찰이 직접 가정재판소에 송치, 통고할 것인가 아니면 아동상담소에 통고할 것인가를 선택할 수 있다. 18세 이상 20세 미만인 경우에는 가정재판소에 송치, 통고한다. 20세 이상으로 보호관찰처분을 받은 자가 새로이 우범소년으로서의 사유가 인정될 경우에는 보호관찰소장이 가정재판소로 통고할 수 있고 통고된 자는 소년법상 소년으로서 다루게 된다. 불량행위소년은 경찰의 보도활동 대상이 된다.

이상에서와 같이 가정재판소에 접수된 사건은 조사를 행하고 체포, 구류에 의하여 소년의 신병이 구속되어 송치할 경우에는 가정재판소의 조사 및 심판상 필요하면 관호조치결정을 하여 소년감별소에 송치한다. 소년감별소는 심신감별을 행하고 감별결과를 가정재판소에 보고한다.

종국결정 전에 가정재판소에서 행하는 중간조치는 시험관찰제도가 있다. 이것은 소년에게 보호처분을 할 개연성이 있는 경우 보호처분을 일정기간 유예하고 조사관에게 소년의 생활태도를 관찰하게 하고 필요한 지도, 조언 기타 조치를 강구함으로써 소년의 반응에 따라 종국결정을 하는 조치라고 할 수 있다.

(2) 처분결정

가정재판소는 접수된 사건에 대하여 조사를 행하고 심판이 필요한 사건은 심판을 개시하고 재판관이 종국결정을 한다.

종국결정은 ① 심판불개시 ② 아동복지기관 송치 ③ 검찰송치 ④ 이송 ⑤ 불처분, ⑥ 보호관찰 ⑦ 교호원 또는 양호시설 송치 ⑧ 소년원 송치 등 여덟 가지 종류가 있다. 이 중에서 ①②③④의 결정은 조사단계에서 이루어지고 ⑤⑥⑦⑧의 결정은 반드시 심판단계에서 이루어진다.

① 심판불개시

심판불개시결정은 심판을 개시할 필요가 없는 경우에 사건을 종결시키는 결정을 말한다. 이에는 형식적 심리불개시결정과 실질적 심리불개시결정이 있다. 형식적 심리불개시 결정은 심리개시요건이 결여된 경우로 심판권이 없거나 소년이 사망, 소재가 불명하거나 소년이 해당연령의 범위를 벗어날 경우에 결정하는 것이다. 실질적 심리불개시결정은 심리개시요건을 충족하고 있으나 비행사실 또는 요보호성에 대한 개연성이 없는 경우에는 심리를 개시할 필요가 없는 경우로 사안이 경미한 경우, 이미 다른 사건으로 형사처분 또는 보호처분을 받고 있어서 다시 보호처분을 할 필요가 없는 경우에 결정한다.

② 아동복지기관 송치

이 결정은 보호처분 또는 아동복지법상의 조치가 필요하다고 인정하는 경우에 행하여지며 기간을 정하여 보호방법과 조치를 지시하고 아동상담소장에게 사건을 송치할 수 있다.

③ 검찰송치

이 결정은 조사결과 본인이 20세 이상인 것으로 판명된 경우와 조사결과 죄질과 정황에 비추어 형사처분을 부과하는 것이 상당하다고 인정하는 경우에 결정이 이루어진다. 형사처분은 사형, 징역, 금고에 해당하고 송치시 16세 이상인 경우에 부과한다.

④ 이송 및 회부

보호사건을 다른 가정재판소로 이송하는 결정을 말한다. 보호사건의 관할은 소년의 행위지, 주소, 현재지 등에 의하여 결정되지만 최초에 사건을 접수한 가정재판소가 보호의 적정을 기하기 위해서 필요한 경우 사건이 해당 가정재판소의 관할에 속하지 않는다고 인정하는 경우, 사건을 다른 가정재판소로 이송한다. 회부는 가정재판소의 본청에서 지부로, 지부에서 본청으로 사건을 보내는 것을 말한다.

⑤ 불처분결정

불처분 결정은 심리의 결과 보호처분을 할 수 없거나 할 필요가 없다고 인정하는 경우에 행한다. 그 요건은 심리불개시결정과 동일하며 보호처분의 필요가 없다고 인정되는 불처분결정은 시험관찰의 결과 요보호성이 해소된 경우에 이루어지고 있다.

⑥ 보호관찰

보호처분의 하나로서 그 내용은 재택처우이고 소년에게 일상적인 사회생활을 영위하게 하고 보호관찰소가 지도, 감독, 원호를 행하여 개선갱생을 도모하는 것을 목적으로 한다.

⑦ 교호원·양호시설 송치

보호처분 중의 하나로서 아동복지법상의 시설인 교호원[11] 또는 양호시설[12]에 수용하는 것이다. 아동복지법상의 조치로서 수용하는 경우에는 강제

---

11) 불량행위를 하거나 할 우려가 있는 아동을 입원시켜 교육과 보호를 목적으로 하는 시설.
12) 보호자없는 아동, 학대당한 아동, 기타 양호가 필요한 아동에 대하여 건전한 양호를 행하는 시설.

조치를 수반하지 않지만 보호처분은 강제적으로 교호원에 송치되고 양호시설에 입원되고 있다.

⑧ 소년원 송치

보호처분의 하나로서 소년원에 수용하여 교정교육을 실시하는 것이다. 소년원은 소년의 연령, 심신상황, 비행성향 등에 따라 초등, 중등, 특별, 의료 4종류로 구분하고 보호처분 결정시에 종류가 지정되고 처우내용을 권고한다.

(3) 처분결정후 절차

보호처분의 결정에 대하여 불복을 신청하는 절차로서 소년법에 항고를 규정하고 있다. 항고는 소년과 법정대리인이 할 수 있고 결정에 영향을 미치는 법령위반, 중대한 사실의 오인, 처분이 현저히 부당한 경우이고 결정이 있는 다음날부터 기산하여 2주 이내에 할 수 있다. 항고재판소인 고등재판소가 항고를 기각하는 결정을 한 경우에는 최고재판소에 재항고가 가능하다. 재항고 이유는 헌법에 위반하고 헌법의 해석에 오인이 있는 경우, 판례와 상반된 결정을 한 경우 등이다.

보호처분의 취소는 보호처분의 계속 중 본인에 대하여 심판권이 없는 경우, 14세 미만의 소년에 대한 아동상담소에 송치절차가 진행된 사건에 대하여 보호처분을 할만하다고 인정되는 명백한 자료를 새로이 발견한 경우에 보호처분을 취소하는 결정을 하여야 한다.

(4) 소년형사사건

형사처분이 상당하다는 검찰송치결정이 있으면, 송치받은 검찰은 원칙적으로 공소를 제기해야 한다. 공소제기를 받은 형사재판소는 형사소송법의 절차에 따라 재판을 진행한다. 소년에 대한 형사사건에 대한 심리는 소년법상 과학조사의 방침에 따라 이루어진다.

형사처분은 범죄소년에 대한 국가의 형벌권을 행사하는 것이므로 소년법은 형법에 대한 특별법으로서 몇 가지 특례를 규정하고 있다. 예를 들면, 소년법에는 18세 미만의 소년에 대하여 사형 대신 무기형을 선고하고 무기형을 선고할 경우에는 10년 이상 15년 이하의 징역이나 금고를 선고하는 등 형의 완화를 규정하고 있다. 또한 장기 3년 이상의 유기징역이나 금고를 선고할 경우에는 부정기형으로 대체하여 선고하도록 규정하고 있다. 이외에 징역이나 금고의 집행에 관하여 특별한 배려와 가석방의 조건과 기간도 성인에 비하여 완화하거나 단축할 수 있도록 규정하고 있다. 형사재판소가 사실심리의 결과 소년을 보호처분을 하는 것이 상당하다고 인정할 경우에는 가정재판소로 이송결정을 할 수 있다.

(5) 보호처분의 집행

보호처분의 집행은 소년을 소년원이나 교호원 등 일정한 시설에 수용하여 집단생활을 통해 개선, 갱생을 도모하는 시설내 처우와 소년에게 일상적인 사회생활을 허용하면서 보호관찰을 받게 하여 지도감독, 보도원호를 행하는 사회내 처우가 있다.

보호처분으로서의 보호관찰은 다른 보호관찰과 동일하게 법무성 소관의 보호관찰소에서 집행한다. 보호관찰관이 책임을 지고 민간독지가인 보호사가 담당자가 되며 양자가 협력하여 보호관찰을 실시한다. 보호관찰기간은 원칙적으로 20세까지이지만 소년이 20세 이전의 기간이 2년 미만인 경우 처분시부터 2년이다.

보호관찰 중 새로운 우범사유가 인정되는 경우, 본인이 20세 이상인 경우에도 보호관찰소장은 가정재판소로 통고할 수 있고 통고된 자는 우범소년으로서 소년법이 적용된다. 가정재판소는 통고된 자에 대하여 보호관찰처분을 할 경우에는 결정과 동시에 23세를 초과하지 않는 기간 내에서 보호관찰의 기간을 정한다.

보호처분으로서 교호원·양호시설에 송치하는 결정을 할 경우 아동상담소장은 그 결정내용을 실현할 수 있는 구체적 조치를 취한다.

소년원 처우는 소년이 20세까지 행할 수 있다. 송치 후 소년이 20세를 초과한 경우에도 1년을 경과하지 않은 경우에는 송치시부터 1년간 수용할

수 있다. 또한 특별한 사유가 있는 경우에는 특별소년원에서 23세까지, 의료
소년원은 26세까지 처우를 계속할 수 있다.

　　소년원 처우는 원칙적으로 법정기한이 도래하여 퇴원하거나 지방갱생보
호위원회의 결정에 의하여 퇴원 또는 가퇴원함으로써 종료된다.

제10장

소년경찰

1. 소년경찰의 업무범위

1) 대상소년

소년업무규칙(경찰청 예규 제579호, 2020.12.31.)에 따라 경찰이 직접 다루는 범죄소년, 촉법소년, 우범소년 등 비행소년을 그 범위로 한다.

2) 임무

경찰은 국가경찰 및 자치경찰의 조직 및 운영에 관한 법률 제3조(국가경찰의 임무)에서 규정한 범죄의 예방·진압 및 수사라는 규정과 경찰관직무집행법 제2조(경찰관의 직무범위) 범죄의 예방, 진압 및 수사의 규정에 의거 각종의 소년업무를 수행하고 있다.

일반적으로 소년경찰의 개념은 협의의 개념과 광의의 개념으로 구분된다. 협의의 개념은 소년을 대상으로 활동하는 경찰조직을 뜻하는 경우도 있고 이러한 조직에서 근무하는 인력을 의미하는 경우도 있다.

광의의 개념은 소년경찰의 인력 및 조직뿐만 아니라 소년의 건전한 지도육성을 위하여 비행소년의 합리적인 처우를 목적으로 하는 사법경찰활동, 유해환경정화 등 소년보호를 목적으로 하는 행정경찰활동, 청소년보호법과 아동복지법 등에 근거하여 소년의 복지를 해하는 성인복지범의 단속까지 포함하는 일체의 경찰활동을 포함하여 지칭하는 개념을 의미한다.

경찰청 사무분장규칙 제25조에서 아동청소년과의 사무를 규정하고 있다.

① **청소년보호업무**

가. 청소년 비행방지 대책(청소년 유해환경 단속 등) 수립 및 관리

나. 학교폭력 예방대책 수립 및 관리

다. 학교전담경찰관 운영

라. 117 학교폭력 신고센터 운영

마. 청소년 선도·보호대책 수립 및 관리

바. 청소년경찰학교 운영·관리

사. 청소년 단체와의 협력·지원

아. 아동·청소년 등 사회적 약자 보호 대책 수립, 사회적 약자를 대상으로 한 범죄 관련 예산 및 경비의 관리

자. 청소년 관련 법령의 연구·개정 및 지침 수립

② **실종정책업무**

가. 「실종아동등의 보호 및 지원에 관한 법률」에 따른 "실종아동 등" 및 경찰청 예규 「실종아동등·가출인 업무처리규칙」에 따른 "가출인"의 조속한 발견과 복귀를 위한 정책 수립 및 관리

나. 실종 예방·홍보에 관한 정책 수립 및 관리

다. 실종 신고 체계의 구축과 「실종아동찾기센터」 운영

라. 「실종아동 등 프로파일링 시스템」 운영

마. 아동안전지킴이·아동안전지킴이집 운영

바. 실종 및 아동 관련 법령의 연구·개정 및 지침 수립

사. 「안전드림 홈페이지·앱」 운영

③ 학대정책업무

가. 아동·노인·장애인 학대 범죄의 예방·피해자 보호 대책 수립 및 관리

나. 아동·노인·장애인 학대 관련 법령의 연구·개정 및 지침 수립

다. 아동·노인·장애인 학대 관련 단체와의 협력 업무

라. 아동·노인·장애인 학대 예방 관련 교육 및 홍보

2. 유해환경 정화

1) 개념

유해환경이란 청소년에게 유해한 영향을 줄 수 있는 매체, 장소, 물건, 행위 등을 말한다. 청소년에게 성적 감정을 자극하거나 폭력성을 조장할 우려가 있는 인쇄매체, 영상매체, 정보통신매체 등 매체물과 청소년들이 모여 흡연, 음주, 패싸움, 매춘 등 청소년 비행이나 탈선의 온상이 되는 장소, 청소년에게 유해한 성기구 등의 물건, 청소년에게 유해한 음란행위, 문신행위 등을 포함하고 있다.

유해환경은 환경의 범주뿐만 아니라 청소년의 연령, 정신적 발달의 정도와 사회의 전통과 문화에 따라 다양하게 정의될 수 있는 상대적인 개념이라고 할 수 있다.

2) 유해환경 규제의 정당성 논리

유해환경 규제의 정당성 논리로서 침해의 원리(harm principle), 도덕주의 (moralism), 후견주의(paternalism)가 있다. 침해의 원리는 국가가 개인의 의지 여부와 관계없이 법적 규제를 통하여 개인이 타인의 권리를 침해하는 것을 방지하기 위한 원리로서 개인이 타인의 권리를 침해하는 것을 전제로 하여 그러한 침해를 방지하기 위하여 규제하는 것이 타당하다는 논리이다. 도덕주 의는 형법이 도덕을 유지하는 면을 중시하는 입장으로서 형법은 도덕의 최저 기준을 정하고 있어서 동성애 등 도덕에 반하는 행위에 대해서는 규정하지 않지만, 도덕적으로 악하다는 이유만으로 그 처벌을 정당화할 수 있다는 논리 를 말한다.

후견주의(paternalism)는 청소년을 건전하게 육성하고 유해환경으로부터 보호하기 위한 원리로서 본인에게 이익이 되는 방향으로 법적 개입을 정당화 하는 원리이다. 예를 들면 담배와 음주는 청소년들의 건강에 악영향을 미치고 유해하기 때문에 국가가 이러한 약물로부터 청소년들의 접촉을 금지하고 있 다. 이러한 경우는 부모가 청소년을 보호하는 것과 같이 국가가 청소년의 후 견인의 입장에서 청소년의 이익을 보호한다는 논리이다.

후견주의는 〈그림 3〉과 같이 규제대상과 보호대상의 일치 여부에 따라 원칙유형과 확장유형으로 나눌 수 있다. 원칙유형이란 순수형 후견주의에 해 당하고 규제대상과 보호대상이 일치하는 유형이다. 즉 경찰관이 밤 12시경에 순찰하다가 가출 청소년을 발견하였을 경우, 청소년에게 귀가조치를 하게 되 면 규제대상이 청소년이고 보호대상도 청소년이 되어 규제대상과 보호대상이 일치하게 된다.

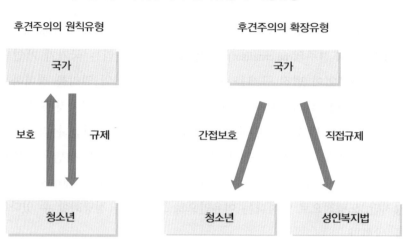

〈그림 3〉 후견주의의 원칙유형과 확장유형

확장유형은 비순수형 후견주의에 해당하고 국가가 유해환경으로부터 청소년을 보호하기 위하여 유해환경에 접촉하는 기회를 제공한 유해업소의 업주인 성인복지법을 처벌하고 규제하는 유형이다. 즉, 국가가 청소년을 보호하기 위하여 유해업소의 업주에 대하여 청소년고용을 금지하는 경우 규제대상은 유해업소의 업주가 되고 보호대상은 청소년이 되는 것과 같이 규제대상과 보호대상이 불일치하는 것을 말한다.

성인과 청소년의 근본적인 차이점은 성인은 언어능력, 성적 성숙, 합리적 판단능력 등에 있어서 자신의 책임하에서 자유를 향유할 수 있는 능력을 가지고 있지만, 청소년은 이러한 능력을 구비하지 못하여 보호 및 복리가 중요하다고 할 수 있다.

3) 유해환경의 분류

유해환경은 청소년의 건전한 심신발달을 저해하고 정상적인 생활을 방해하는 환경으로서 물리적인 환경(가시적, 유형적)과 심리적인 환경(비가시적, 무형적)으로 분류하기도 하고 지위환경(사회경제적 지위)과 구조환경(개인에게 작용하는 외적조건과 자극이 일정한 규칙에 의하여 조직되어 체제화되어 있는 구조적 상태), 과정환경(외적 자극과 조건 및 조직화된 체제가 개인과의 상호작용에서 일어나는 분위기 또는 풍토)으로 분류하기도 하며 청소년들의 생활의 장에 따라 가정환경, 학교환경, 사회환경으로 분류하기도 한다.

청소년보호법상 유해환경은 유해매체, 유해약물, 유해업소, 유해물건, 유해행위를 총칭하는 것으로 정의할 수 있다. 유해매체는 음반·비디오·방송 등 영상음향매체와 음성정보·문자정보·영상정보 등 정보통신매체, 만화·화보류·일간지·주간지 등 인쇄매체 등이 이에 해당한다. 유해약물은 주류, 담배, 마약류, 환각물질 등을 말하고 유해물건은 성기구와 완구류 등을 말하며, 유해행위는 청소년폭력과 학대 등을 말한다.

유해업소는 출입과 고용이 금지되는 출입고용금지업소와 고용이 금지되는 고용금지업소가 있는데 출입고용금지업소는 일반게임제공업, 사행행위업, 비디오감상실업, 무도장업 등이고 고용금지업소는 게임제공업, 숙박업, 유흥주점, 유료만화대여업 등이다. 유해행위는 ① 영리를 목적으로 청소년으로 하여금 신체적인 접촉 또는 은밀한 부분의 노출 등 성적 접대행위를 하게 하거나 이러한 행위를 알선·매개하는 행위 ② 영리를 목적으로 청소년으로 하여금 손님과 함께 술을 마시거나 노래 또는 춤 등으로 손님의 유흥을 돋우는 접객행위를 하게 하거나 이러한 행위를 알선·매개하는 행위 ③ 영리나 흥행을 목적으로 청소년에게 음란행위를 하게 하는 행위, ④ 영리나 흥행을 목적으로 청소년의 장애나 기형 등의 모습을 일반인에게 관람시키는 행위 ⑤ 청소년에게 구걸을 시키거나 청소년을 이용하여 구걸하는 행위 ⑥ 청소년을 학대하는 행위 ⑦ 영리를 목적으로 청소년으로 하여금 거리에서 손님

을 유인하는 행위를 하게 하는 행위 ⑧ 청소년을 남녀혼숙하게 하는 등 풍기
를 문란하게 하는 영업행위를 하거나 이를 목적으로 장소를 제공하는 행위
⑨ 주로 차종류를 조리·판매하는 업소에서 청소년으로 하여금 영업장을 벗
어나 차종류를 배달하는 행위를 하게 하거나 조장하거나 묵인하는 행위를
말한다.[1]

3. 비행소년의 선도

일반적으로 비행소년의 선도란 비행소년 등을 발견하여 보호하고 사안
에 따라 관계기관에 송치 또는 통고, 소년에 대한 주의, 조언을 행하는 등
소년의 건전한 육성을 위한 활동을 말한다. 경찰은 소년의 비행성을 조기에
발견하여 보호하고 그 복지향상을 위하여 일상의 직무집행 중 모든 수단과
방법을 활용하여 비행소년 또는 불량행위소년의 조기발견에 주력해야 한다.
특히 요보호소년에 대하여 청소년지원센터, 복지시설, 기타 관계기관이나 단
체에 통고하거나 보호자에 대한 주의, 조언을 하는 등 소년의 보호에 필요한
조치를 취하고 불량행위소년을 발견하면, 현장에서 주의, 조언, 제지 또는 필
요에 따라 보호자에게 연락, 조언하고 있다.

비행소년의 선도는 가두선도, 상담선도, 계속선도가 이루어지고 있다.[2]

가두선도는 공연장, 게임장, 풍속영업소, 번화가, 역, 공원 등 소년비행이
발생할 수 있는 장소에서 이루어지며 일상가두선도와 특별가두선도로 구분
하여 실시하고 있다. 일상가두선도는 시기에 제한없이 항상 실시하고 특별가
두선도는 국경일, 축제일, 특별공휴일, 연말연시 등 소년비행이 발생할 우려
가 있는 시기에 행하고 있다.

---

1) 청소년보호법 제30조.
2) 일본의 소년경찰은 가두선도, 상담선도, 계속선도, 사후선도를 실시하고 있다. 우리나라
   와의 차이점은 사후선도를 실시하고 있다는 점인데 사후선도란 가정에서 송치, 통고된
   소년에 대하여 송치, 통고를 받은 기관이 구체적인 필요한 활동을 전개할 때까지 소년
   경찰이 재비행을 방지하기 위해서 보도를 계속하는 것을 말한다.

상담선도는 경찰이 소년 또는 보호자, 기타 관계자로부터 소년의 비행방지와 복지향상에 관한 상담을 받았을 때는 신속하게 수리하여 적절한 방법으로 처리해야 하고 소년업무담당이 아닌 경찰관이 상담사안을 수리하였을 때는 그 취지를 명백히 하여 소년담당직원에게 당해 사안을 인계하여야 한다. 다만, 각 사안을 스스로 처리함이 적절하다고 인정될 때에는 소년업무감독자를 통하여 경찰서장에게 보고하고 처리할 수 있다.

또한 경찰관은 수사 또는 조사한 결과 비행소년이 아니라고 인정되는 소년 또는 14세 미만의 우범소년에 대해서는 적절한 주의나 조언을 하되 보호자의 의뢰가 있거나 비행예방을 위해 필요하다고 인정될 때에는 계속하여 적절한 선도를 함으로써 계속선도를 실시하고 있다.

경찰관은 가두선도 및 상담선도를 통하여 발견된 비행소년에 대해서는 ① 소년의 성명, 연령, 주소, 직업, 학교 및 학년 ② 사실의 발견 및 개요 ③ 보호자의 성명, 연령, 주소, 직업 및 소년과의 관계 ④ 발견자가 취하는 조치 ⑤ 기타 필요하다고 인정되는 사항을 소년업무담당부서를 거쳐 경찰서장에게 보고하여야 한다.

4. 비행소년의 처리

1) 보호자와의 연락

경찰관은 비행소년에 대한 출석요구나 조사를 할 때에는 지체없이 그 소년의 보호자 또는 보호자를 대신하여 소년을 보호할 수 있는 사람에게 연락하여야 한다. 다만, 연락하는 것이 그 소년의 복리상 부적당하다고 인정될 때에는 그러하지 아니하다.

2) 범죄의 원인 등과 환경조사

경찰관은 소년사건을 수사할 때에는 범죄의 원인 및 동기와 그 소년의 성격·태도·경력·교육정도·가정상황·교우관계와 그 밖의 환경 등을 상세히 조사하여 소년환경조사서를 작성하여야 한다.

3) 조사시의 유의사항

경찰관은 소년사건을 조사할 때에는 다음 각 호의 사항에 유의하여야 한다.

① 선입견과 속단을 피하고 정확한 자료를 수집하여야 한다.

② 폭언, 강압적인 어투, 비하시키는 언어 등을 사용하거나 모욕감 또는 수치심을 유발하는 언행을 하여서는 아니된다.

③ 진술의 대가로 이익을 제공할 것을 약속하는 등 진술의 진실성을 잃게 할 우려가 있는 방법을 사용해서는 아니된다.

④ 소년의 학교 또는 직장에서 공공연하게 소환하는 일은 가급적 피하되 소년 또는 보호자가 요청할 때에는 소년의 가정, 학교 또는 직장 등을 방문하여 조사할 수 있다.

⑤ 소년의 심신에 이상이 있다고 인정할 때에는 지체없이 의사의 진단을 받도록 하여야 한다.

4) 체포·구속시의 주의사항

경찰관은 소년에 대해서는 가급적 구속을 피하고 부득이 구속, 체포 또는 동행하는 경우에는 그 시기와 방법에 특히 주의하여야 한다.

5) 피해자 및 신고자의 보호

① 경찰관은 피해 소년의 심정을 이해하고 그 인격을 존중하며, 신체적·정신적·경제적 피해의 회복과 권익증진을 위하여 노력하여야 한다.
② 경찰관은 피해자 및 신고자의 비밀을 보장하여야 한다. 다만, 피해자 등이 동의한 경우에는 그러하지 아니하다.

6) 비행소년 사건 송치

① 경찰관은 범죄소년 사건을 입건하여 수사를 종결하였을 때에는 관할 지방검찰청 검사장 또는 지청장에게 송치하여야 한다.
② 경찰서장은 촉법소년과 우범소년에 대해서는 소년보호사건으로 하여 관할 소년부에 송치하여야 한다.

7) 보도상의 주의

경찰관은 소년사건을 조사할 때에는 소년의 주거·성명·연령·직업·용모 등에 의하여 본인을 알 수 있을 정도의 사실이나 사진이 보도되지 않도록 특히 주의하여야 한다.

5. 청소년비행예방 및 선도프로그램

1) 소년범 조사시 전문가 참여제도

이 제도는 소년범의 조사과정에서 범죄심리사 등 심리전문가가 참여하여 가정환경, 학교환경 등 43개 비행촉진 요인과 공격성, 반사회성 등 344개 인성평가항목에 대한 심층적인 분석결과를 토대로 하여 소년범의 선도 및 재범가능성을 판단하여 소년범에 맞는 선도프로그램을 연계함으로써 재비행 방지를 목적으로 운영되고 있다. 이러한 전문가의 분석결과는 선도심사위원회의 심의자료로 제공되어 경미한 소년범에 대한 훈방 및 즉결심판 등의 처분시에 활용되며 사랑의 교실 등 선도프로그램 연계시 재비행 예측결과 등을 반영한 맞춤형 선도프로그램을 진행하는 등 소년범의 특성에 맞는 조사활동을 수행하고 있다. 향후 더 많은 소년범들이 전문가의 과학적인 분석에 근거한 선도조치를 받을 수 있도록 범죄심리사 인력풀을 확충해 나가야 한다.

2) 선도심사위원회

경찰은 죄질이 경미한 범죄소년에 대하여 전문가들의 참여하에 각 경찰서별로 선도심사위원회를 운영하고 있다. 위원회는 위원장 1명을 포함하여 5명 이상으로 구성하고 외부위원을 2명 이상으로 한다. 이 위원회는 경찰서장이 위원장이 되고 외부위원은 의사, 교사, 변호사, 범죄심리사, 청소년단체의 장 및 종사자, 청소년선도에 학식과 경험이 풍부한 전문가 중에서 경찰서장이 위촉하고 내부위원은 주무과장(여성청소년과장, 생활안전과장) 1인 이상으로 구성한다. 회의는 월 1회 이상 개최하며 외부위원에 한해 참여시 수당을 지급하고 있다.

이 위원회는 소년범의 인성, 상습성 및 재비행위험성 등을 고려하여 소년범을 선도조건부 훈방, 즉결심판, 입건송치 등 처분결정을 할 것인가 아니면 표준선도프로그램, 사랑의 교실, 자체선도프로그램,3) 기타지원 등 선도·지원 결정을 할 것인가를 판단한다. 대상자는 경찰단계에서 종결되는 즉심, 훈방대상자 및 입건대상자 중 선도가능성이 높은 소년범이며 소년범 훈방은 선도목적을 고려하여 반드시 선도조건부 훈방형태로 운영하며 훈방 이후 선도프로그램 미이수시에는 입건수사토록 하고 있다. 소년범 선도절차는 <그림 4>와 같다.

그리고 위원회는 외부위원의 역할별로 선도분과, 생활지원분과, 의료분과, 법률분과를 운영하고 있다. 선도분과는 경미소년범 처분결정, 심리 및 진

---

3) 학교, NGO, 자치단체와 협조하여 외부전문가교육, 경찰체험 등 전문성이 담보되고 지역 특색을 살릴 수 있는 다채로운 프로그램으로 구성된다.

〈그림 4〉 소년범 선도절차

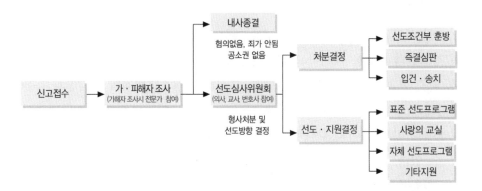

로상담, 멘토-멘티 연계, 인성교육을 담당하고 생활지원분과는 생활비 및 교육비지원, 취업지원, 복지서비스지원 등을 담당하며 의료분과는 신체적, 정신적 치료를 담당하고 법률분과는 법률자문, 학교폭력정책자문 등을 담당하고 있다.

3) 선도프로그램 운영

경찰은 소년범의 특성을 고려하여 맞춤형 선도프로그램을 운영하여 소년범의 조기선도를 통한 재범방지에 노력하고 있다. 경찰관서별 실정에 따라 표준선도프로그램, 사랑의 교실, 자체선도프로그램을 운영하고 있다. 표준선도프로그램은 대한신경정신의학회에서 지정한 신경정신과 전문의, 임상심리사가 진행하는 자기통제, 인간관계형성 프로그램이다. 사랑의 교실은 청소년상담복지센터 등 전문단체와 연계하여 청소년상담사 등 전문가가 진행하는 집단상담, 미술치료, 법교육 등을 하는 프로그램이다. 자체선도프로그램은 학교전담경찰관이 지역사회 전문단체 및 경찰치안시스템을 활용하여 진행하는 경찰체험 및 선도프로그램이다. 선도프로그램을 이수한 소년범은 수사서류에 결과보고서 또는 수료증을 편철하여 송치 및 사법처리단계에서 참고자료로 활용할 수 있도록 조치하고 있다.

4) 범죄예방교실

이 프로그램은 초·중·고 학생을 대상으로 경찰관이 각급 학교에 방문하여 청소년의 비전을 제시하고 청소년들의 비행예방을 위한 교육을 하는 것이다. 최근 학교폭력의 심각성과 사례를 분석하고 청소년범죄의 처리절차 등을 설명해 학생들에게 범죄나 폭력에 대한 경각심을 일깨워주고 청소년비행이 미래에 끼치는 불이익에 대해 자각하는 시간을 갖게 하는 것이 목적이라고 할 수 있다.

경찰관은 소년의 비행예방을 위하여 학교의 장과의 협의를 거쳐 학생 등을 대상으로 다음과 같이 범죄예방교육을 실시할 수 있다. ① 범죄예방교육 내용은 교육 대상자의 수준에 맞게 구성한다. ② 범죄예방교육은 학교 및 관련 전문가·전문단체와 협력하여 공동으로 진행할 수 있다. ③ 학교에서의 교육방법은 소규모 학급단위 대면교육을 원칙으로 하되 필요시 학년 또는 학교 단위교육을 실시할 수 있다.

경찰관은 소년의 비행예방, 건전한 생활지도를 위하여 학교의 장과의 협의를 거쳐 교사, 학부모 등을 대상으로 범죄예방 설명회를 실시할 수 있다.

5) 명예경찰소년소녀단

이 제도는 경찰, 학교, 선도단체의 유기적인 협조체제하에 청소년 스스로가 각종 범죄나 사고로부터 자신을 보호할 수 있는 능력을 배양하고 봉사활동과 질서의식을 고취할 목적으로 운영되고 있다.

선발은 초등학교, 4-6학년생과 중학교 1-2학년생 중에서 인성이 바르고 학업성적이 우수한 명예경찰활동에 의욕이 있는 희망자 중에서 학교장의 추천을 받아 경찰서장이 위촉하고 있다.

소년소녀단은 경찰서 무도학교 참가, 경찰관서 치안시스템 견학, 경찰관과 합동순찰, 현장체험활동을 실시하고 있고 교내에서도 교통질서 및 기초질서 캠페인, 봉사활동, 학교폭력 예방활동 등을 수행하고 있다.

6) 청소년 경찰학교 운영

경찰은 학생 눈높이에 맞는 체험형 예방교육이 필요하다는 판단에서 교육부와 협업을 통해 유휴치안센터 건물 등을 리모델링하여 청소년 경찰학교를 운영하고 있다.

청소년 경찰학교는 학생들이 학교폭력의 심각성에 대하여 공감하고 경찰의 역할을 이해할 수 있도록 학교폭력 예방교육, 가피해자 역할극, 과학수사체험, 경찰장비체험, 심리상담 등의 프로그램으로 구성되어 있다.

그리고 청소년 경찰학교의 원활한 운영을 위해서 프로그램, 시설구성, 인력운영 등이 포함된 청소년 경찰학교 표준운영모델을 제작하여 배포하고 있다.

6. 소년경찰활동의 개선방안

1) 전건송치주의 폐지

소년경찰은 최일선에서 비행청소년을 낙인찍고 처벌하는 기능뿐만 아니라 비행청소년의 낙인화를 방지하고 선도·보호하는 기능을 동시에 수행하고 있다. 미국의 경우 지위비행자나 경미한 비행청소년은 소년법원에 송치하는 대신에 경찰이 청소년봉사국(youth service bureau)에 보내어 부모 및 학교와의 협력하에 상담, 치료, 교육 등의 프로그램을 운영하고 있다.

일본의 경우 경찰은 이론적, 실무적으로 소년법제 중에서 비행소년의 가장 중요한 처우기관이라고 인식되고 있어 범죄소년을 소년법원에 반드시 송치, 통고하는 전건송치주의는 채택되지 않고 있다.

그러나 우리나라는 소년법 제4조 2항에서 촉법소년, 우범소년이 있을 때에는 경찰서장은 직접 관할 소년부에 송치하여야 한다고 전건송치주의를 채택하고 있다. 전건송치주의는 모든 비행소년을 처벌해야 한다는 사상이 근저에 자리잡고 있고 소년의 건전한 육성보호라는 소년법의 정신에 정면으로

배치되고 있다. 또한 전건송치주의는 처벌위주로 소년경찰업무를 수행하도록 하는 강제성을 띠고 있어 소년경찰의 비행청소년 선도업무에 장애요인으로 지적되고 있다.

2) 선도프로그램의 이원화

청소년선도 프로그램은 교육프로그램과 사회봉사프로그램으로 구분할 수 있다. 현재 운영되고 있는 사랑의 교실은 교육프로그램으로서 그 효과가 어느 정도 인정되고 있으나 사회봉사프로그램은 전무한 실정이다. 따라서 청소년 선도프로그램은 범죄유형별로 구분하여 교육프로그램과 함께 사회봉사프로그램을 병행하여 실시해야 한다.

교육프로그램은 약물남용, 성폭력, 폭력 등의 소년범은 성격이나 심리상의 이상이 있으므로 이들에 대하여는 약물의 해독성이나 성교육 등을 수강케 하는 교육프로그램을 운영하는 것이 바람직하다고 하다고 생각된다.

사회봉사프로그램은 절도, 강도 등의 소년범들은 노동을 싫어하고 쉽게 금전을 획득하려는 소년들이기 때문에 무보수의 봉사활동을 통하여 근로의 욕을 고취해야 할 목적으로 운영되어야 할 것이다. 또한 청소년비행의 원인을 제공한 성인복지범은 청소년단체 등에 가서 사회봉사활동을 하게 하는 방안도 적극적으로 검토하여야 할 것이다.

청소년 선도프로그램을 이원적으로 운영하기 위해서는 입법정책을 개선해야 한다.

첫째, 경미한 즉결심판대상자에 대하여 즉결심판에 관한 절차법을 개정하여 사회봉사명령과 수강명령을 규정하는 방안이 있다.

즉결심판에 관한 절차법 제2조는 판사는 즉결심판절차에 의하여 20만원 이하의 벌금, 구류, 과료에 처할 수 있으며 동법 제3조는 이를 위하여 관할 경찰서장 또는 관할 해양경찰서장이 관할법원에 청구한다고 규정하고 있다.

경미한 범죄를 범한 소년범에 대하여 즉결심판으로 낙인을 찍기보다는 선도보호차원에서 수강명령과 사회봉사명령을 부과할 필요가 있다. 경제적

능력이 없는 소년범에 대하여 20만원 이하의 벌금, 과료 등 재산형을 부과하는 것에 대해 그 형벌의 효과가 없다는 것은 자명한 사실이며 실제로 벌금이나 과료는 당해 소년이 아니라 보호자가 납부하게 된다.

또한 구류형을 받은 소년에 대하여 구치소나 경찰서유치장에 수용하여 처벌하는 것은 형벌적 효과를 기대하기보다는 범죄의 학습, 학업중단 등 오히려 그 폐해가 심각하다고 할 수 있을 것이다. 따라서 즉결심판절차법은 피고인에게 20만원 이하의 벌금, 구류 또는 과료를 부과하기보다는 수강명령과 사회봉사명령에 처할 수 있는 방향으로 개정되어야 할 것이다.

둘째, 훈방대상소년과 보호자의 의뢰가 있는 소년에 대하여 소년업무규칙을 개정하여 사회봉사처분과 수강처분을 규정하는 방안이 있다.

소년업무규칙은 비행소년의 조사, 처우, 선도 등에 관한 내용을 규정하고 있고 각종 선도프로그램에 관한 규정은 전무한 실정이다. 소년업무규칙에 훈방대상소년과 보호자의 의뢰가 있는 소년에 대하여 소년경찰이 행정처분으로써 부과할 수 있는 사회봉사처분과 수강처분을 규정할 필요가 있다.

따라서 경찰에서 비행소년에 대한 교육프로그램과 사회봉사활동 프로그램을 직접 운영·관리함으로써 비행소년에 대한 처벌적이고 선도적 효과를 동시에 거둘 수 있을 것이라고 판단된다.

제11장

보호관찰

제1절 의의 및 효과

보호관찰제도란 범죄자를 교도소나 소년원 등 일정한 시설에 수용하지 않고 일정기간 준수사항을 지킬 것을 조건으로 사회 내에서 자유로운 생활을 허용하면서 보호관찰관의 지도·감독·원호를 받게 하거나 일정시간 무보수로 사회에 유익한 근로봉사를 하게 하거나 범죄성을 개선하기 위한 교육을 받도록 함으로써 범죄자의 성행을 교정하여 재범을 방지하기 위한 제도이다.

보호관찰제도는 지도·감독 및 원호를 요건으로 하는 점에서 벌금, 몰수, 과태료 등과 구분되며 범죄자나 비행소년의 의사와 상관없이 실시된다는 점에서 갱생보호와 구별된다.

보호관찰제도의 효과는 ① 구금에 따른 범죄오염 방지 ② 수용경비 절감 ③ 선고유예, 집행유예, 가석방, 가퇴원 등과 연계하여 제도의 실효성 제고 ④ 범죄예방에 대한 국민적 공감대 조성 ⑤ 민간인 자원봉사자로 하여금 보호관찰제도 실시에 참여 등이다.

제2절 연 혁

　1942년 3월 재단법인 사법보호회가 설립되었고 1961년 갱생보호법이 제정되었으며 1981년 법무부에 보호국이 신설되었다. 1983년 2월 부산지방검찰청 관내 일부 가석방자를 대상으로 보호관찰제도를 시험실시하면서 전국으로 확대되었다. 1988년 12월 소년법이 개정되어 보호관찰처분자 중에서 16세 이상의 소년에 대하여 사회봉사명령·수강명령을 병과할 수 있도록 함과 동시에 1988년 12월 보호관찰법이 제정되었다.

　1994년 1월 성폭력범죄의처벌및피해자보호등에관한법률이 제정·시행되면서 성인·소년 구분없이 선고유예·집행유예 또는 가석방된 성폭력사범에 대하여 보호관찰을 할 수 있게 하였고, 1995년 1월 「보호관찰 등에 관한 법률」로 명칭 및 전문을 개정하여 보호관찰법과 갱생보호법 통합하고 보호관찰소 선도조건부 기소유예제도 규정을 신설하였다. 1995년 12월 형법을 개정하면서 1997년 1월 성인범에 대한 보호관찰·사회봉사명령·수강명령을 전면적으로 실시하게 되었다. 이와 함께 1998년 가정폭력사범, 2004년 성매매사범, 2008년 특정범죄자에 대한 전자감독으로 확대되었다.

　미국의 경우 1841년 미국 보스톤의 독지가인 오거스투스(John Augustus)가 알코올 중독자를 인수하여 개선·갱생시킨 것이 효시라고 할 수 있다. 1869 미국 매사추세츠주에서 최초 입법한 다음 1878년부터 보호관찰제도는 형의 선고나 집행을 유예하면서 일정기간 선행유지의 조건을 부과하는 보호관찰(Probation) 형태로 발전하였고 대륙법계 국가에서는 교정시설에 구금 중인 자에 대하여 가석방을 허용하고 잔형기 동안 선행유지의 조건을 부과하는 가석방(Parole) 형태로 발전하였다.

제3절 보호관찰기관

법무부의 보호관찰 관련기관은 〈그림 5〉와 같다.

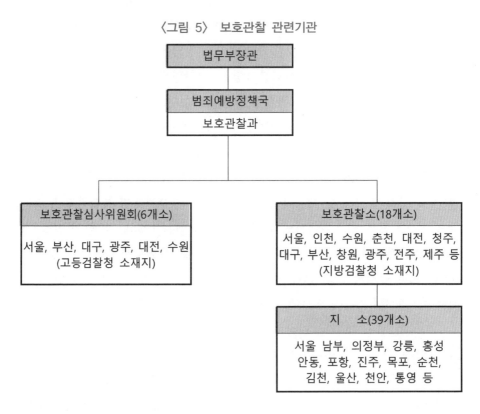

〈그림 5〉 보호관찰 관련기관

그리고 범죄예방정책국의 소년범죄와 관련조직은 보호관찰심사위원회, 보호관찰(지)소, 소년원, 소년분류심사원, 청소년꿈키움센터 등이다.

1. 보호관찰심사위원회

위원회는 고등검찰청 소재지에 전국 6개 보호관찰심사위원회가 운영되고 있고 위원장 포함하여 5명 이상 9명 이하의 위원으로 구성되며 위원은 판사·검사·변호사·보호관찰소장·지방교정청장·교도소장·소년원장 및 보호관찰에 관한 지식과 경험이 풍부한 사람 중에서 법무부장관이 임명 또는 위촉하며 임기는 2년이다. 보호관찰심사위원회의 위원장은 고등검찰청 검사장 또는 고등검찰청 소속검사 중에서 법무부장관이 임명한다.

보호관찰심사위원회에 실무를 맡아보는 3명 이내의 상임위원을 둔다. 위원회의 관장사무는 ① 가석방과 그 취소에 관한 사항 ② 임시퇴원 및 임시퇴원의 취소 및 보호소년등의 처우에 관한 법률 제43조 제3항에 따른 보호소년의 퇴원에 관한 사항 ③ 보호관찰의 임시해제와 그 취소에 관한 사항 ④ 보호관찰의 정지와 그 취소에 관한 사항 ⑤ 가석방중인 사람의 부정기형 종료에 관한 사항 ⑥ 이 법 또는 다른 법령에서 심사위원회의 관장사무로 규정된 사항 ⑦ 제1호부터 제6호까지의 사항과 관련된 사항으로서 위원장이 회의에 부치는 사항 등이다.

2. 보호관찰소 및 지소

보호관찰소의 조직은 전국 56개 보호관찰소(보호관찰소 18개, 보호관찰지소 38개)가 운영되고 있다. 보호관찰소의 구성은 보호관찰을 담당하는 보호관찰관과 이를 보조하는 보호관찰직원 등으로 구성된다. 관장사무는 ① 보호관찰, 사회봉사명령·수강명령의 집행 ② 갱생보호 ③ 검사가 보호관찰관이 선도함을 조건으로 공소제기를 유예하고 위탁한 선도업무 ④ 범죄예방자원봉사위원에 대한 교육훈련 및 업무지도 ⑤ 범죄예방활동 ⑥ 이 법 또는 다른 법령에서 보호관찰소의 관장사무로 규정된 사항 등이다.

보호관찰소 업무분장은 행정지원팀(인사, 서무, 보안, 예산, 물품 등), 관찰팀 (보호관찰대상자 지도, 감독), 집행팀(사회봉사명령, 수강명령 집행), 조사팀(판결전조사, 환경조사), 전산실(소내 전산업무) 등이다.

제4절 청소년 보호관찰 현황

1. 청소년 보호관찰대상자 현황

〈표 9〉에서 보는 바와 같이 성인범을 포함한 전체보호관찰 인원은 증가하는 추세에 있다. 그러나 소년법 제32조의 4호(단기 보호관찰) 및 5호처분자 (장기 보호관찰) 등에 대하여 실시되는 소년보호관찰은 감소하는 추세에 있고 소년보호관찰 비율도 감소하는 추세에 있다.

〈표 9〉 청소년 보호관찰 인원　　　　　　　(단위: 명, %)

	전체보호관찰인원	소년보호관찰인원	소년보호관찰 비율
2016	227,141	49,687	21.9
2017	240,073	47,493	20.0
2018	227,733	45,364	19.9
2019	223,072	40,587	18.2
2020	227,020	39,291	17.3

자료: 여성가족부, 2021 청소년백서, 2021, p. 530.

2. 청소년 보호관찰 실시현황

〈표 10〉에서 연도별 청소년 보호관찰 실시현황을 보면 소년법상 보호처분이 가장 많고 보호관찰소 선도위탁, 소년법상 임시퇴원, 집행유예 순으로 나타나고 있다.

〈표 10〉 청소년 보호관찰 실시인원 (단위: 명)

연도 구분	계	선고 유예	집행 유예	가석방	소년 법상 보호 처분	소년 법상 임시 퇴원	가정 폭력법	성폭력 법	성매매 법	선도 위탁	성구매자 교육	벌금 대체	아청법	아동 학대법	치료 감호법
2016	49,687	2	731	12	38,967	1,726	61	105	8	7,864	17	67	122	5	
2017	47,493	5	709	13	38,675	1,807	55	107	12	5,894	11	68	129	5	5
2018	45,364	6	666	12	58,302	16,271	40	104	12	4,173	5	56	173	3	5
2019	40,587	3	755	19	34,842	1,787	61	127	7	2,750	3	37	185	3	3
2020	39,291	1	796	17	51,287	15,293	48	114	4	1,821	3	26	172	1	4,403

자료: 여성가족부, 2021 청소년백서, 2021, p. 531.

제5절 보호관찰 실시

1. 소년보호관찰의 대상 및 기간

〈표 11〉 소년 보호관찰의 대상 및 기간

법률근거	대 상	기 간	비 고
형법 제62조2	- 보호관찰부 선고유예 - 보호관찰부 집행유예	1년 유예기간 내	
소년법 제32조 제1항	4호처분: 단기보호관찰 5호처분: 장기보호관찰	1년 2년	
성폭력범죄의 처벌 등에 관한 특례법 제16조	형의 선고유예자	1년	
가정폭력범죄의 처벌 등에 관한 특례법 제40조 제1항	보호처분	6월	
성매매알선 등 행위의 처벌에 관한 법률 제14조	보호처분	6월	
아동·청소년의 성보호에 관한 법률 제40조	보호처분	6월	수강명령 병과가능
보호관찰소 선도조건부 기소유예		6월 또는 1년	
임시퇴원	소년원 등	6월 이상 2년 이하	

<표 11>에서 보는 바와 같이 소년 보호관찰은 형법·소년법, 성폭력범죄의 처벌 등에 관한 특례법, 가정폭력범죄의 처벌 등에 관한 특례법, 성매매알선 등 행위의 처벌에 관한 법률, 아동·청소년 성보호에 관한 법률, 그리고 보호관찰소 선도조건부 기소유예, 소년원에서 임시퇴원한 경우가 대상이 되고 있다.

2. 개시

보호관찰의 개시는 ① 법원의 판결이나 결정이 확정된 때 ② 가석방, 임시퇴원된 때부터 시작된다.

3. 신고

보호관찰의 대상자는 개시일로부터 10일 이내에 주거지 관할 보호관찰소에 서면으로 신고해야 한다.

4. 대상자의 준수사항

1) 일반준수사항

① 주거지에 상주하고 생업에 종사할 것
② 범죄로 이어지기 쉬운 나쁜 습관을 버리고 선행을 하며 범죄를 저지를 우려가 있는 사람들과 교제하거나 어울리지 말 것
③ 보호관찰관의 지도, 감독에 따르고 방문하면 응대할 것
④ 주거를 이전하거나 1월 이상 국내외 여행을 할 때에는 미리 보호관찰관에게 신고할 것

2) 특별준수사항

① 야간 등 재범기회나 충동을 줄 수 있는 특정시간대의 외출제한

② 재범의 기회나 충동을 줄 수 있는 특정 지역·장소의 출입금지

③ 피해자 등 재범의 대상이 될 우려가 있는 특정인에 대한 접근금지

④ 범죄행위로 인한 손해를 회복하기 위하여 노력할 것

⑤ 일정한 주거가 없는 자에 대한 거주장소 제한

⑥ 사행행위에 빠지지 아니할 것

⑦ 일정량 이상의 음주를 하지 말 것

⑧ 마약 등 중독성 있는 물질을 사용하지 아니할 것 등

⑨ 마약류 투약, 흡연, 섭취 여부에 관한 검사에 따를 것

⑩ 그 밖에 보호관찰대상자의 재범방지를 위하여 필요하다고 인정되어 대통령령으로 정하는 사항

5. 보호관찰 실시방법

보호관찰은 지도·감독과 원호, 응급구호 등이 있다. 지도·감독은 ① 보호관찰대상자와 긴밀한 접촉을 가지고 항상 그 행동 및 환경 등을 관찰하는 것 ② 보호관찰대상자가 준수사항을 이행하기에 적절한 지시를 하는 것 ③ 보호관찰대상자의 건전한 사회복귀를 위하여 필요한 조치를 하는 것이다.

원호는 보호관찰대상자에게 ① 숙소제공 및 취업알선 ② 직업훈련기회의 제공 ③ 환경의 개선 ④ 대상자의 건전한 사회복귀에 필요한 원조의 제공 등이다. 응급구호는 보호관찰대상자가 부상 및 질병 등 긴급한 사유가 발생한 경우 구호하는 것을 말한다.

6. 준수사항 위반자에 대한 제재조치

준수사항 위반자에 대한 제재조치로서 경고, 구인, 긴급구인, 유치 등이 있다. 경고는 대상자가 준수사항을 위반하거나 위반할 위험성이 있다고 인정되는 상당한 이유가 있는 경우에는 형의 집행 등 불이익처분을 받을 수 있음을 통지하는 것이고 구인은 보호관찰대상자가 준수사항을 위반하였거나 위반하였다고 의심할 상당한 이유가 있고 일정한 주거가 없는 경우, 소환에 불응한 경우, 도주한 경우 또는 도주할 염려가 있는 경우에 검사에게 신청, 지방법원판사가 구인장을 발부하여 강제집행하는 것이다. 긴급구인은 준수사항을 위반한 보호관찰대상자가 구인사유에 해당하는 경우로서 구인장을 발부받을 수 있는 시간적 여유가 없는 경우에는 그 사유를 알리고 구인장없이 보호관찰대상자를 구인하는 것을 말한다. 보호관찰대상자를 구인하거나 긴급구인하였을 경우에는 보호관찰소에 인치한 때로부터 48시간 이내에 석방하여야 한다.

유치는 ① 보호관찰을 조건으로 한 형의 선고유예의 실효 및 집행유예의 취소청구의 신청 ② 가석방 및 임시퇴원의 취소신청 ③ 보호처분의 변경신청이 필요하다고 인정되면 구인한 보호관찰대상자를 수용기관 또는 소년분류심사원에 수용하는 것이다. 이 경우 보호관찰대상자를 인치한 때부터 48시간 이내에 보호관찰소장이 검사에게 신청하여 검사의 청구로 관할지방법원판사의 허가를 받아야 한다. 유치기간은 법원의 허가를 받은 날로부터 20일로 한다.

7. 보호관찰의 종료

보호관찰의 종료사유는 ① 보호관찰기간이 지난 경우 ② 보호관찰을 조건으로 한 형의 선고유예의 실효 및 집행유예의 실효 및 취소된 경우 ③ 가석방 및 임시퇴원이 실효 및 취소된 경우 ④ 보호처분이 변경된 경우 ⑤ 부정기형의 종료결정이 있는 경우 ⑥ 보호관찰기간 중 금고 이상의 형을 받게 된 경우 ⑦ 보호관찰이 정지된 임시퇴원자가 22세가 된 경우 ⑧ 다른 법률에 따라 보호관찰이 변경되거나 취소, 종료된 경우이다.

제6절 사회봉사명령·수강명령의 집행

1. 사회봉사명령

1) 의의

사회봉사명령은 유죄가 인정된 범죄자에 대하여 교도소 등에 구금하는 대신 자유로운 생활을 허용하면서 일정시간 무보수로 사회에 유익한 근로를 하도록 명하는 제도로서 단순한 집행유예보다 처벌효과가 크고, 범죄자에게 속죄의 기회를 줄 뿐 아니라 근로정신을 함양시키고 자존심을 회복시켜 건전한 사회복귀에 도움이 된다. 사회적으로는 무보수 봉사로 공공의 이익을 증진시킬 수 있고, 국가적으로는 범죄자 구금에 필요한 예산을 절감할 수 있다는 장점이 있다.

2) 연혁

1970년 영국에서 형벌의 다양화와 보호관찰제도의 보완수단으로 제안되어 1972년 영국 형사재판법에서 채택되었고 1979년 3월 영국 전역에서 실시되었다. 영국에서의 성공으로 미국, 호주, 독일, 프랑스에서 형벌의 다양화와 단기구금형의 대체수단으로 도입되었고 우리나라는 소년범에 대해서는 보호관찰의 부수처분으로 시행되다가 2008년 소년법의 개정으로 독립처분으로 시행되고 있다.

3) 청소년 사회봉사명령 집행현황

청소년 사회봉사명령 대상자에 대하여 처벌적 효과보다는 교육적 효과에 중점을 두고 노인, 장애인, 생활복지시설에 사회봉사활동이 이루어지게 하여 봉사체험을 통해서 범죄를 속죄할 수 있도록 하고 있다. 청소년에 대한 사회봉사명령은 14세 이상 소년에 대하여 200시간을 초과할 수 없도록 하고 있다.

〈표 12〉에서 청소년 사회봉사명령 부과형태를 보면 보호관찰부 사회봉사명령이 2017년 이후 감소추세를 나타내고 있고 단독명령부 사회봉사명령도 2017년 이후 감소하는 추세를 나타나고 있다.

〈표 12〉 청소년 사회봉사명령 부과형태 　　　　　(단위: 명)

연도구분	총계	보호관찰부	단독명령부
2016	7,616	4,973	2,643
2017	8,321	5,465	2,856
2018	7,845	5,111	2,734
2019	6,787	4,359	2,428
2020	6,292	4,004	2,288

자료: 여성가족부, 2021 청소년백서, 2021. p. 533.

4) 대상 및 시간

〈표 13〉 청소년 사회봉사명령의 대상 및 시간

대　　상	명령시간
· 형법상 사회봉사명령 조건부 집행유예자	· 500시간 범위 내
· 소년법 제32조 제3호의 사회봉사명령 처분자(14세 이상 소년)	· 200시간 범위 내
· 가정폭력범죄의 처벌 등에 관한 특례법상 사회봉사명령대상자	· 100시간 범위 내

5) 집행분야

- **자연보호**: 공원·하천 등에서의 제초작업 및 오물수거 등
- **복지시설 봉사**: 양로원·고아원·장애자시설 지원, 사회복지기관 사업 보조 등
- **행정·사법기관 업무지원**: 읍·면·동사무소, 검찰청 등
- **공공시설 봉사**: 고속도로·국도변 쓰레기 오물수거, 도서관 장서정리
- **병원지원**: 응급실 인력보조, 환자간병보조 등
- **공익사업보조**: 자원재생공사의 재활용사업 지원 등
- **농촌봉사**: 모내기, 벼베기, 과일수확 등
- **문화재 보호·봉사**: 문화재 보수·제설·배수로 정비 등
- **기타 지역사회에 유익한 공공분야 업무 지원**: 수해복구작업 지원 등

2. 수강명령

1) 의의

수강명령은 유죄가 인정된 약물남용 등 중독성 범죄자를 교도소 등에 구금하는 대신 자유로운 생활을 허용하면서 일정시간 보호관찰소 또는 보호관찰소가 지정한 전문기관에서 범죄의 종류와 내용에 따라 교육을 받도록 명하는 제도이다. 수강명령은 준법의식 고취, 범죄의 해악성 자각, 심성계발과 자아확립, 사회적응력 배양 등이 목적이라고 할 수 있다.

2) 연혁

1948년 영국에서 형사재판법에 의하여 비교적 비행성이 약한 21세 미만의 범죄자에게 주말에 수강센터(Attendance Center)에 참석, 강의를 받도록 한 데서 비롯되었다. 보호관찰부 주간센터 명령(Probation Day Center)은 1982년 영국에서 시행된 제도로서 일과시간 중 보호관찰대상자에 대하여 교육하는

것으로 우리나라의 수강명령에 해당하는 제도이다.

3) 청소년 수강명령 집행현황

청소년에 대한 수강명령은 12세 이상 소년을 대상으로 100시간을 초과할 수 없도록 하고 있다. 대상자의 범죄내용에 따라 약물 오·남용 방지교육, 알코올남용 방지교육, 정신·심리치료교육, 성폭력방지교육, 준법운전강의, 가정폭력방지교육 등 적합한 전문 교육을 받을 수 있도록 하고 있다. 2008년 소년법 개정에 따라 소년에게 단독 수강명령결정이 가능하게 되었다.

〈표 14〉에서 청소년 수강명령 부과형태를 보면, 전체적으로 2017년부터 감소하다가 2020년에 증가하고 있고 보호관찰부 수강명령도 2017년부터 감소하다가 2020년에 증가하는 형상을 보이고 있다. 그러나 단독명령부 수강명령은 꾸준한 증가추세를 나타내고 있다.

〈표 14〉 청소년 수강명령 부과형태 (단위: 명)

연도구분	총계	보호관찰부	단독명령부
2016	5,587	3,999	1,588
2017	6,139	4,446	1,693
2018	5,952	4,151	1,801
2019	5,182	3,555	1,827
2020	6,724	4,143	2,581

자료: 여성가족부, 2021 청소년백서, 2021, p. 533.

4) 대상 및 수강시간

〈표 15〉 청소년 수강명령 대상 및 수강시간

대 상	명령시간
· 형법상 수강명령 조건부 집행유예자	· 200시간 범위 내
· 소년법 제32조 제2호의 수강명령 처분자(12세 이상 소년)	· 100시간 범위 내
· 가정폭력범죄의 처벌 등에 관한 특례법상 수강명령대상자	· 100시간 범위 내

3. 사회봉사명령과 수강명령의 집행

1) 집행담당자

사회봉사명령 또는 수강명령은 보호관찰관이 집행한다. 다만 보호관찰관은 국공립기관이나 그 밖의 단체에 그 집행의 전부 일부를 위탁할 수 있고 이 경우에는 법원에 통보해야 한다.

2) 준수사항

대상자는 ① 보호관찰관의 집행에 관한 지시에 따를 것 ② 주거를 이전하거나 1개월 이상 국내외여행을 할 때에는 미리 보호관찰관에게 신고할 것 등이다.

3) 종료

① 사회봉사명령 또는 수강명령의 집행을 완료한 때
② 형의 집행유예기간이 지나간 때
③ 집행유예의 선고가 취소된 때
④ 사회봉사명령 또는 수강명령의 집행기간 중 금고 이상의 형의 집행을
  받게 된 때
⑤ 보호처분이 변경된 때이다.

제7절 | 범죄예방위원(법사랑위원)[1]

1. 목적

범죄예방위원은 범죄예방활동과 보호관찰활동, 갱생보호사업을 지원하기 위하여 설치된 법무부산하의 순수자원봉사 민간단체이다.

2. 설립배경

보호관찰제도와 갱생보호사업 등 사회내처우를 위한 인적 자원을 확보하고 보호선도위원(보호관찰소), 갱생보호위원(갱생보호소), 소년선도위원(검찰청)을 통합하며 예산과 인력의 한계가 있는 형사사법기관의 보완적 역할을 수행하고 대상자에 대한 맞춤형 서비스를 제공하기 위하여 설립되었다.

3. 특성

① 지역적 특성

대상자와 동일한 지역에 거주하고 있기 때문에 언제라도 접촉이 가능하다는 점과 지역실정을 잘 알고 있기 때문에 지역주민들로부터 협력을 이끌어내고 자원을 확보하는 데 용이하다는 점이다.

---

1) 보호관찰등에관한법률 제18조는 범죄예방위원(범죄예방자원봉사위원)으로 규정하고 있고 법무부 훈령 제934호(2014. 2. 27. 개정) 범죄예방자원봉사기본규정에서는 법사랑위원으로 규정하고 있다.

② 신분상의 특성

민간인 신분이라서 대상자와 접촉이 용이하고 규정이나 근무시간에 구애받지 않고 융통성있는 범죄예방활동이 가능하며 자원봉사라는 태도는 대상자에게 존경심을 유발하고 긍정적인 영향을 미칠 수 있다.

③ 계속적인 특성

보호관찰공무원은 근무지이동이 많아서 지속적인 인간관계를 유지하기에 불가능하지만 범죄예방위원은 지속적으로 인간관계를 유지할 수 있다.

4. 조직

조직은 중앙에 법무부 법사랑위원 전국연합회 설치되고 전국 지방검찰청·지청 단위별 53개 지역연합회가 운영되고 있다.

5. 임무

① 선도조건부 기소유예 처분을 받은 사람에 대한 접촉선도, 원호선도 등 선도업무
② 보호관찰대상자 지도·감독과 원호 및 재정지원, 사회봉사명령 집행감독, 교육 프로그램 진행, 환경조사 등 보호관찰 업무 보조 및 보호관찰소 선도조건부 기소유예 처분을 받은 사람에 대한 선도업무 보조
③ 갱생보호대상자에 대한 취업알선, 직업훈련, 원호 및 재정지원
④ 지역사회 학생을 상대로 한 법교육과 그 지원활동 및 학교폭력예방 등 청소년 선도보호, 범죄예방활동
⑤ 소년·소녀가장 등 배려대상 청소년, 노인·장애인·사회복지시설 거주자에 대한 지원 활동
⑥ 기타 지역사회에서의 범죄예방활동과 봉사활동

6. 기대효과

위원들의 경륜과 식견을 활용하여 범죄예방활동을 전개함으로써 정책의
효과성을 배가할 수 있고 범시민적인 분위기를 조성함으로써 공동체 스스로
의 자정기능을 강화할 수 있으며 형사사법분야의 감시와 통제가 이루어지고
운영상의 민주성을 확보할 수 있다.

제12장

가정환경과 청소년비행

제12장 가정환경과 청소년비행

가정은 가까운 혈연관계에 있는 사람들의 생활공동체로서 청소년들의 행동, 태도, 가치에 많은 영향을 미치는 사회의 기초적 단위라고 할 수 있다. 가정의 구성원들 간의 상호작용은 청소년비행을 억제하거나 조장하는 역할을 수행하고 있다. 비록 성격특성, 낮은 자아통제력, 충동성 때문에 비행의 성향이 있는 청소년일지라도, 부모의 긍정적이고 효과적인 교육이나 훈육이 있다면 청소년들의 비행은 감소하게 된다.

즉, 부모들이 청소년에게 긍정적인 역할모델을 제공하여 청소년들이 긍정적인 훈육을 받는다면 비행의 유혹을 이겨낼 수 있다. 반대로 부모가 청소년들에 대한 관심이 없고 가정의 역기능이 있다면 청소년들은 비행의 유혹에 동화되어 쉽게 비행을 행하게 된다.

일반적으로 가정의 역기능은 청소년비행을 영향을 미치는 것으로 보인다. 이러한 가정의 역기능은 결손가정(broken home), 갈등가정(intrafamily conflict),

아동학대 및 방임가정(child abuse and neglect family), 부모의 일탈가정(parental deviance)으로 나눌 수 있다.

제2절 가정의 역기능과 청소년비행

1. 결손가정

결손가정이란 부모 중 일방 또는 쌍방이 이혼, 별거 등으로 인하여 부재하는 가정을 말하며 이런 환경의 청소년들은 반사회적 행위를 하는 경향이 있다. 결손가정은 청소년비행의 중대한 결정요소라고 한다. 청소년들은 처음으로 가정에서 사회화되고 행동, 가치, 신념 등을 부모로부터 배우게 되므로 정상적인 가정에서 벗어난다는 사실자체가 청소년들의 생활에 부정적인 영향을 미치는 것으로 보인다.

오늘날 이혼 등의 증가로 인하여 많은 청소년들이 그들의 부모와 함께 생활하지 못하기 때문에 자녀훈육 미흡 등으로 결손가정이 청소년비행에 영향을 미치는 것으로 알려져 있다.

특히 복합가정(step-family)은 정상적인 가정보다는 안정적이지 못하기 때문에 결손가정보다 2배 이상 부정적인 영향을 미치는 것으로 보인다. 복합가정이란 남성과 여성이 각각 이혼을 한 후 부모와 그 자녀들이 결합한 가정을 말한다.

결손가정의 청소년들은 정상가정의 소년과 비교할 때 문제행동, 부적절한 행위, 과잉행동 등을 나타낼 가능성이 많다고 알려져 있다. 결손가정의 청소년들은 불화, 갈등, 적대감, 공격성과 관련되어 있는데 이러한 이유는 더 많은 자율성, 느슨한 감독, 애착의 약화, 동료압력에의 민감성에 기인한다고 볼 수 있다. 따라서 결손가정이 청소년비행에 직접적인 영향을 미치는 것으로 파악할 수 있다.

2. 갈등가정

갈등가정이란 가정 내에서 구성원들 간의 불화나 갈등이 있는 가정을 말한다. 갈등가정에서 성장한 소년들은 훈육의 일관성을 상실하게 되고 어린 시절에 공격성 등을 학습하게 된다.

부모 간의 갈등과 자녀비행과의 관계는 거의 40년 전 나이(Ivan F. Nye)에 의하여 주장되었다. 그는 부모의 결혼행복감에 대한 청소년들의 인식이 비행의 가장 중요한 예측인자라고 주장하고 있다. 부모의 불화나 폭력을 목격한 청소년들은 후에 감정불안, 문제행동, 사회갈등 등의 유형을 나타내게 된다고 한다. 가정 내 폭력을 목격한 청소년과 가정 내 폭력피해자가 된 청소년들의 행동유형은 차이가 없는 것으로 보인다.

각종 연구들은 가정갈등, 적대감, 애정결핍과 비행과의 관계를 일관성있게 지지하고 있다. 청소년들을 통제할 수 없는 부모들은 모순된 규칙설정자이고 칭찬하고 용기를 줄 가능성이 적고 그들의 자녀들에게 관심과 애착보다는 높은 수준의 적대감을 나타내기도 한다. 부모는 청소년들의 공격성과 갈등의 위험을 감소시키기 위하여 청소년들의 요구를 수용하게 되고 이로 인하여 청소년들은 공격성과 갈등을 통제하기 불능한 상태에 이르게 된다. 그러나 청소년비행이 가정갈등의 원인이 될 수 있고 갈등가정이 청소년비행을 야기할 수도 있다는 점에서 인과관계는 설명할 수 없다.

3. 아동학대 및 방임가정

1) 의의

아동학대란 합리적인 이유없이 아동에 대한 적절한 관심과 보호를 소홀히 한 것을 포함하여 아동에게 신체적, 정서적, 성적 외상을 가하는 것을 말하며 아동방임이란 아동의 음식, 은신처, 건강보호, 사랑 등을 박탈하여 부모 또는 보호자에 의하여 방치된 것을 말한다.

아동복지법 제3조에 의하면 아동학대란 보호자를 포함한 성인이 아동의 건강 또는 복지를 해하거나 정상적인 발달을 저해할 수 있는 신체적, 정신적, 성적 폭력이나 가혹행위하는 것과 아동의 보호자가 아동을 유기하거나 방임하는 것을 말한다고 규정하고 있다. 여기서 아동은 18세 미만인 사람을 말하고 보호자는 친권자, 후견인, 아동을 보호·양육, 교육하거나 그 의무가 있는 자 또는 업무, 고용 등의 관계로 사실상 아동을 보호·감독하는 자를 의미한다.

아동학대에 대한 관심은 1874년 뉴욕에서 시작되었다. 이 해에 뉴욕시 아파트 주민들이 보건소의 휠러(Etta Wheeler)라는 간호사에게 아파트의 한 아동이 계모에 의하여 학대당하고 있다는 사실을 신고하였다. 신고를 접한 간호사는 월슨(M. A. Wilson)이라는 아동을 발견하고 그 아동이 상습적으로 부모로부터 구타를 당하고 침대에 쇠사슬로 묶여 있었으며 영양실조상태에 있다는 사실을 발견한 것을 계기로 하여 아동학대에 대한 관심이 높아졌다. 아동학대는 부모의 음주, 계부모, 낮은 사회계층이 주된 원인이라고 한다.

많은 아동들이 부모로부터 학대당하고 방치되고 있으며 이런 처우는 청소년들의 미래행위에 중대한 결과를 초래한다고 지적하고 있다.

2) 아동학대의 유형

① 신체적 학대

부모나 양육자가 아동에게 손, 발, 주먹 등을 사용하거나 여러 가지 도구를 사용하여 신체적인 손상과 고통을 주는 경우

② 정서적 학대

아동의 인성 발달에 손상을 입히는 행위로, 언어적, 정서적 위협, 감금, 가학적 행위를 포함하는 경우로서 부모가 자녀에게 욕설하고 협박하거나 모욕을 주며 소리를 지르고 비난하는 것도 포함된다.

외관상 드러나지 않기에 심각성을 느끼지 못하는 경우가 많지만 성장하여 대인관계가 원만하지 못한 경우가 많으며 정서적 발달과 사회성 발달에 문제를 가져오며, 치명적인 손상을 가져올 수 있다.

③ 성적 학대

성인이나 나이가 많은 아동이 성적인 자극이나 충족을 목적으로 아동에게 성적 행위를 하는 것으로 성적 폭행과 성적 착취를 포함하는 경우로서 성적 유희, 자위행위 장면의 노출, 성적 접촉 등이 있다.

아동의 성적 학대는 대부분 피해자를 아는 사람에 의해 이루어지며 가해자가 친족인 경우도 있다.

④ 방임

고의적이며 반복적인 아동양육 및 보호의 소홀로 아동의 건강과 복지를 해치거나 정상적인 발달을 저해할 수 있는 모든 행위를 말한다.

방임에는 물리적 방임, 정서적 방임, 교육적 방임, 의료적 방임, 성적 방임이 있다. 물리적 방임은 아동의 의식주를 제공하지 않는 양육태만을 의미하는 것이고 정서적 방임은 아동에게 필요한 정서적 지지, 보호의 결핍을 의미하는 것이며 교육적 방임은 아동의 의무교육을 이행하지 않거나 무단결석을

허용하는 행위 등 교육활동에 필요한 정신적·물질적 지원을 제공하지 않는 행위를 말한다. 의료적 방임은 예방 접종을 제때에 하지 않거나 필요한 치료를 소홀히 하는 행위 등 의료적인 보호조치를 취해주지 않는 행위를 말하며 성적 방임은 성인의 성적 행위나, 성관련 매체 등에 노출되도록 방치하는 행위를 말한다.

⑤ 유기

유기는 아동을 보호하지 않고 버리는 행위로서 아동을 병원에 입원시켜 놓고 사라지거나 고아원 근처에 버리거나 식당에서 아동을 버리고 가는 행위 등을 말한다.

3) 아동학대 신고의무자

아동학대 신고의무자는
① 아동복지시설의 장과 그 종사자
② 아동복지전담공무원
③ 가정폭력 관련 상담소 및 가정폭력피해자 보호시설의 장과 그 종사자
④ 건강가정지원센터의 장과 그 종사자
⑤ 다문화가족지원센터의 장과 그 종사자
⑥ 사회복지 전담공무원 및 사회복지시설의 장과 그 종사자
⑦ 성매매피해상담소의 장과 그 종사자
⑧ 성폭력피해상담소, 성폭력피해자보호시설의 장과 그 종사자
⑨ 구급대의 대원
⑩ 응급구조사
⑪ 어린이집의 원장 등 보육교직원
⑫ 의료기관에 종사하는 의료인 및 의료기사
⑬ 청소년시설 및 청소년단체의 장과 그 종사자
⑭ 학원의 운영자·강사·직원 및 교습소의 교습자·직원

⑮ 아이돌보미 등이다.

4) 아동학대행위자에 대한 임시조치

아동학대행위자에 대한 임시조치는
① 주거로부터 퇴거 등 격리
② 피해아동 또는 가정구성원의 주거, 학교 또는 보호시설 등에서 100미터 이내의 접근 금지
③ 피해아동 또는 가정구성원에 대한 전기통신을 이용한 접근 금지
④ 친권 또는 후견인 권한 행사의 제한 또는 정지
⑤ 아동보호전문기관 등에의 상담 및 교육 위탁
⑥ 의료기관이나 그 밖의 요양시설에의 위탁
⑦ 경찰관서의 유치장 또는 구치소에의 유치 등이 있다.
이러한 조치는 병과할 수 있고 그 기간은 2개월을 초과할 수 없다. 그러나 필요한 경우 1-3호는 두 차례만, 4-7호는 한 차례만 연장할 수 있다.

5) 보호처분

① 아동학대행위자가 피해아동 또는 가정구성원에게 접근하는 행위의 제한
② 아동학대행위자가 피해아동 또는 가정구성원에게 「전기통신기본법」 제2조 제1호의 전기통신을 이용하여 접근하는 행위의 제한
③ 피해아동에 대한 친권 또는 후견인 권한 행사의 제한 또는 정지
④ 「보호관찰 등에 관한 법률」에 따른 사회봉사·수강명령
⑤ 「보호관찰 등에 관한 법률」에 따른 보호관찰
⑥ 법무부장관 소속으로 설치한 감호위탁시설 또는 법무부장관이 정하는 보호시설에의 감호위탁
⑦ 의료기관에의 치료위탁
⑧ 아동보호전문기관, 상담소 등에의 상담위탁

이러한 처분은 병과할 수 있고 제1호-제3호까지 및 제5호-제8호까지의 규정에 따른 보호처분의 기간은 1년을 초과할 수 없으며, 같은 항 제4호의 사회봉사·수강명령의 시간은 각각 200시간을 초과할 수 없다.

4. 일탈가정

부모의 일탈은 가정의 비공식적 사회통제기관으로서의 역할을 방해하고 청소년들의 상습적인 비행가능성을 증가시킨다. 많은 비행청소년들은 범죄 경력이 있는 아버지를 가지고 있었다. 범죄경력이 없는 아버지의 자녀 중 8% 가 상습적인 범죄자인 데 비하여 범죄경력이 있는 아버지의 자녀 중 37%가 상습적인 범죄자였다. 또한 부모와 자녀 간 일탈의 원인은 아직 명백한 것은 밝혀지지 않았지만 유전적, 환경적, 심리학적, 아동양육의 요인이 세대 간의 관계에서 일정한 역할을 할 수 있다.

범죄경력이 있는 부모는 청소년과 친밀한 관계를 유지하지 못하고 가혹하고 모순된 훈육을 할 가능성이 많으며 이런 요인은 비행과 밀접한 관계가 있다.

형제들 간의 영향에 대하여 보면 형의 행위가 동생의 행위에 영향을 미친다고 할 수 있다. 동일한 환경하에서 성장하는 형제들은 유사한 사회적, 경제적 요인에 의하여 영향을 받고 일탈적 형제들은 공유된 관심 때문에 더 친밀해진다. 그리고 형의 행위는 개인 간의 상호작용에 의하여 어린 동생들에 의하여 모방된다고 할 수 있다.

제3절 가정적 요인과 청소년비행

1. 가정의 규모

대규모가정이 소규모가정보다 청소년비행이 더 많이 발생하는 것으로 나타나고 있다. 대규모가정에서 청소년비행율이 높은 이유는[2] 첫째, 대규모 가정의 부모는 소규모가정의 부모보다 청소년을 훈육하고 감독하는 데 어려움이 있고 둘째, 대규모가정의 부모들은 자녀양육을 경험이 없는 나이 많은 형제들에게 위임하고 있으며 셋째, 대규모가정은 불합리성, 빈곤, 과잉수용 등에 노출되어 있다는 것이다. 여기서 불합리성이라 함은 대규모가정은 부모의 관심이 다른 형제자매에게 분산되므로 청소년들은 부모의 관심을 끌기 위해 경쟁하거나 비행행위를 하게 된다는 것이고 빈곤은 대규모가정은 재정적인 자원을 공유해야 하기 때문에 소규모가족에 비해 물질적인 혜택을 더 적게 누리게 된다는 것이며 과잉수용은 대규모가정의 청소년은 더 적은 공간과 더 적은 사생활을 향유하게 된다는 것이다.

2. 출생순서

출생순서는 첫째아이나 막내아이보다는 중간아이가 청소년비행에 노출될 가능성이 많다고 알려져 있다.

첫째아이는 부모의 관심을 빼앗아갈 다른 형제자매가 없기 때문에 부모의 관심을 많이 받게 되고 일관된 방식으로 훈육된다. 그들은 집에서 배운 것을 강하게 고수하고 사회적으로 잘 적응한다. 부모는 중간아이나 막내아이를 훈육할 때 첫째아이를 참여시키고 인생의 초기에 다른 사람에 대한 책임

---

2) Clemens Bartollas, Juvenile Delinquency(Boston: Pearson, 2006) p. 232.

감을 가지도록 하고 어린 동생들의 본보기가 된다.

　그러나 중간아이는 비행자가 될 가능성이 많은 것으로 나타나고 있다.3) 중간아이는 첫째아이로부터 무시당하고 막내아이로부터 도전받아 공격성을 형성하게 되어 그만큼 막내보다 비행행위를 할 가능성이 높다고 할 수 있다.

　막내아이는 부모가 다른 형제들에 대한 양육경험이 있을 뿐만 아니라 다른 형제들이 역할모델을 하고 있다는 점에서 부모와 형제들의 행동을 학습하게 된다.

　그러나 중간아이와 막내아이는 자신들의 정체성을 형성하기 위해서 가족들의 주의를 끌고자 하는 욕망 때문에 형들이 하는 방식대로 행동하면 관심을 끌 수가 없어서 다른 방식으로 접근하여 그들의 형의 생활방식에 동조하지 않거나 거부할 수 있다.

3. 범죄부모와 비행형제

　청소년들은 가족구성원들의 행동을 학습하는 것으로 나타나고 있는데 비행소년들은 범죄부모와 비행형제를 가지고 있다. 범죄부모의 청소년들은 빈곤한 가정에서 성장하거나 부정적이고 나쁜 양육경험을 하게 되어 조기에 범죄를 저지를 위험이 증가한다는 것이다.4) 비행형제는 청소년비행의 중요한 예측인자라고 할 수 있으며 이들의 비행은 형제들 간 비행의 평균수준인 것으로 알려지고 있다.

3) Clemens Bartollas, Juvenile Delinquency(Boston: Pearson, 2006), pp. 231-232.
4) Joan McCord, "Crime in Moral and Social Contexts: The American Society of Criminology, 198 Presidential Address," Criminology 28, 1989, p. 16.

4. 가정생활의 분위기

일반적으로 결혼생활의 적응과 조화를 의미하는 가정생활의 분위기는 청소년비행에 영향을 미친다고 할 수 있다. 행복한 결혼생활은 청소년들이 비행행동을 하게 되는가의 중요한 관건이 되고 행복한 결혼생활과 가족의 응집력은 청소년비행과 부(-)적 관계에 있다. 결혼생활이 조화롭고 응집력이 강한 가정일수록 비행청소년이 나타날 가능성이 적은데, 이는 청소년기에 부모의 자녀에 대한 사랑이 동조성에 대한 심리학적 방향타역할을 하기 때문이다. 또한 모의 행동은 청소년기의 비행과 성인기의 범죄에 직접적으로 영향을 미치지만, 가족 간의 부정적인 상호작용은 성인기의 범죄행위의 가능성에 더 직접적으로 영향을 미친다고 할 수 있다.[5]

5. 부모와의 유대관계

부모와의 유대관계는 비행과 상당한 관계가 있는 것으로 나타나고 있다. 비행청소년은 부모와 애정적인 유대관계를 가지지 못하고 있고 부모와 유대관계가 강하면 강할수록 행동상 더 많은 동조를 하는 경향이 있다.

일반적으로 모와 청소년과의 애착이나 유대관계가 더 강한 것으로 알려져 있지만 청소년들의 비행참여를 예측하는 요인은 부와 청소년과의 유대관계라고 할 수 있다. 그러나 부모 모두에 대한 애착이나 유대관계가 강한 청소년들은 어느 한쪽에게 애착이나 유대관계를 가진 청소년들보다 비행가능성이 낮다고 할 수 있다.

---

5) Joan McCord, "Family Relationships, Juvenile Delinquency, and Adult Criminality," Criminology 29(August 1991), p. 397.

6. 부모의 훈육

일반적으로 가정에서의 부적절한 훈육이 청소년비행을 야기하는 것으로 알려져 있다. 모가 가정 밖에서 직장생활을 하는 경우에 청소년비행이 증가하는데 그 이유는 청소년들의 행동을 통제하는 데 더 많은 시간을 보내지 못하고 있기 때문이다.[6] 또한 부의 훈육이 모의 훈육보다 청소년비행에 밀접한 관계가 있고 느슨하고 불규칙적인 훈육방식뿐만 아니라 엄격하고 처벌적인 훈육방식 그리고 일관성 없는 훈육방식이 청소년비행에 영향을 미친다고 할 수 있다.[7]

---

6) Clemens Bartollas, Juvenile Delinquency(Boston: Pearson, 2006), pp. 233-234.
7) James Snyder & Gerald Patterson, "Family Interaction and Delinquent Behavior" in H. C. Quay(ed.), Handbook of Juvenile Delinquency(New York: John Wiley and Sons, 1987), pp. 216-243.

제13장

학교환경과 청소년비행

제13장 학교환경과 청소년비행

제1절 의 의

　　학교는 청소년들이 지식을 습득하는 장소이며 사회적 인간관계를 훈련
하고 다양한 사회규범이나 규칙 및 관습에 노출되는 장소라고 할 수 있다.
학교에서 청소년들은 성취지향적인 삶을 배우고 야망, 경쟁 등을 학습하게
된다. 학교에서 친구들과 만나고 집단생활을 배움으로써 학교는 사회생활의
준거틀로서 역할을 담당한다고 할 수 있다. 청소년들의 학교생활은 그 이후의
사회적 지위와 정체성을 결정하며 그들이 어떠한 삶을 영위할 것인가를 결정
하게 된다. 또한 청소년들은 많은 시간을 학교에서 생활하고 있고 이 시기에
청소년들의 가치관이나 인생관이 형성된다고 할 수 있다.

　　그러나 학교는 그 역할을 다하지 못하는 것으로 평가받고 있다. 학교는
양적으로 팽창하였으나 질적으로는 입시위주의 비인간화교육, 학교폭력, 중
도탈락생의 증가, 공부압력으로 인한 자살, 학생비행의 증가 등 부정적인 결
과를 초래하였다. 그러면 이러한 학교교육에 부정적인 영향을 미치는 요인은

무엇인가?

제2절　무단결석과 중퇴

　　합리적인 이유없이 결석하는 무단결석은 학교실패와 중퇴로 이어진다. 청소년들이 학업에 흥미를 느끼지 못하고 친구들로부터 소외되어 지속적인 무단결석을 하게 되면, 범죄나 비행을 조장하는 단계인 중퇴로 이어진다. 중퇴는 청소년들이 학교를 떠나서 약물남용이나 비행에 종사하고 성인기까지 범죄를 지속할 가능성이 높다는 점에서 중대한 문제라고 할 수 있다.

　　이러한 중퇴의 이유는 학교적 측면과 가정적 측면으로 나누어 볼 수 있다. 학교적 측면에서는 학교가기를 싫어하거나 낮은 학업성취도, 문제해결능력의 부족, 낮은 자아존중감, 교사와의 비우호적인 관계, 학교에서의 우열반 편성, 약물남용 등에 기인한 것이고 특히 여학생은 임신과 출산을 이유로 중퇴하고 있다.

　　가정적 측면에서는 빈곤과 가정의 역기능이 중퇴하는 이유라고 할 수 있다. 어떤 학생은 중퇴 외에 다른 대안이 없는 경우도 있다. 이러한 학생들은 출석률이 저조하여 교사들이 문제학생으로 낙인찍고 정학, 전학, 기타 수단을 통하여 학교를 떠나게 된다.

제3절　학업부진과 학교실패

　　학업부진학생은 비행자가 될 가능성이 높은 것으로 알려지고 있다. 사실 학업부진은 경제적 계층, 인종적·민족적 배경, 동료집단관계와 같은 변수보다 비행의 강한 예측인자라고 할 수 있다. 특히 학업부진학생은 학업을 수행하는데 결함이 있어서 무단결석, 중퇴로 이어져 비행학생에게서 학업부진학생을 흔히 찾아볼 수 있다.

그리고 학교실패와 비행과의 관계의 본질에 관한 세 가지 문제가 제기되고 있다. 첫째, 학교실패는 비행의 직접적인 원인이라는 것이다. 학교실패를 한 학생들은 좌절감이나 거부감을 느끼게 되고 그들은 결코 관습적인 수단으로는 성공할 수 없다는 사실을 믿고 동년배를 찾아서 비행에 종사하게 된다. 학교실패는 교사와 부모를 포함한 주변사람들로부터 부정적인 반응을 불러일으키고 이런 반응은 학생들로 하여금 학교적응을 저해하여 만성적인 비행을 하게 한다.

둘째, 학교실패는 비행의 직접적인 원인보다는 정서적·심리적 문제를 야기하고 이것이 학교실패로 이어진다는 것이다. 학교실패는 자아존중감을 감소시키고 나아가 저하된 자아존중감이 비행의 원인이 된다는 것이다.[1] 문제학생은 모범생보다는 자신에 대하여 부정적인 태도를 견지하고 있다. 따라서 학교실패로 인하여 낮은 자아존중감을 형성하게 되고 이것이 비행을 유발하게 된다는 것이다.

셋째, 학교실패와 비행은 그 원인을 공유하고 있다는 것이다. 학교실패가 사전에 진행되어 비행의 원인이 되는 것으로 보이지만 이러한 관계는 오류가 있거나 의심스럽다는 것이다. 예를 들면 사전에 약물을 남용하여 학교실패와 비행을 야기할 수 있다.

일반적으로 학교실패에 영향을 미치는 요인은 개인적 요인, 사회계층적 요인, 우열반편성 등을 들 수 있다. 개인적 요인은 학생이 언어능력이 부족하거나 가정의 역기능, 우울증, 충동적인 성격구조, 낮은 자아통제력 등과 같은 심리학적 요인을 들 수 있다.

사회계층적 요인은 중산층 위주로 운영되는 학교에서 하류층 학생들이 학교기능에 잘 적응하지 못하고 있고, 학교에서의 하류층 학생들의 언어능력

---

1) Martin Gold, "School Experiences, Self-Esteem, and Delinquent Behavior: A theory of Alternative Schools," Crime and Delinquency 24, 1978, pp. 294-295.

부족과 같은 단점은 사회구조상의 불리한 지위의 결과라고 할 수 있으며 이런 단점들이 비행을 조장한다는 것이다. 또한 하류층 학생들은 경제적인 문제로 파트타임 직업을 가지게 되고 재학기간 중 낮은 학업성취도를 나타내어 이것이 비행으로 이어진다고 할 수 있다.

우열반편성은 학생들의 능력과 성취도에 따라 진학반과 비진학반을 편성하는 것으로서 학교실패에 영향을 미친다고 한다. 특히 비진학반학생들은 더 많은 학교실패와 점진적인 성취도 약화를 경험하고 학교활동에 더 적게 참여하여 중퇴와 비행이 증가하는 경향이 있는 것으로 보인다.

제4절 학교 내 비행

학교 내 비행은 개인의 성격, 지능저하, 학습무능력 등에 그 원인이 있고 비행유형은 절도, 기물파괴, 폭력, 왕따현상 등이라고 할 수 있다. 절도는 학생들의 비싼 옷, 악세사리, 자전거가 그 범행대상이 되고 있고 기물파괴는 교실, 현관, 복도, 계단, 화분 등이 그 대상이 되고 있으며 폭력은 우발적인 성격을 지니며 학교 내에서 발생하는 일상적인 마찰의 결과로써 동료, 교사 등이 대상이 되고 있다.

왕따현상은 학교 내에서 빈번하게 발생하고 있으며 신체적, 정신적으로 우월한 학생이 열등한 학생에게 가하는 괴롭힘이다. 피해자는 다른 학생들에 의하여 희롱을 당하거나 재미있는 장난의 대상이 되기도 하며 난처한 입장을 느끼게 하는 경우도 있다. 가해자는 피해자가 느끼는 정신적인 고통을 느끼는 것을 보고 쾌락을 느끼는 심리에서 왕따현상이 발생하는 것으로 보고 있다. 왕따현상의 또 다른 형태는 위협, 욕설, 밀치기, 때리기 등이 있다.

제5절 학교폭력

1. 의의

학교폭력 예방과 대책에 필요한 사항을 규정함으로써 피해학생의 보호, 가해학생의 선도·교육 및 피해학생과 가해학생 간의 분쟁조정을 통하여 학생의 인권을 보호하고 학생들을 건전한 사회구성원으로 육성함을 목적으로 학교폭력예방 및 대책에 관한 법률을 시행하고 있다. 동법 제2조에서 학교폭력이란 학교 내외에서 학생을 대상으로 발생한 상해, 폭행, 감금, 협박, 약취·유인, 명예훼손·모욕, 공갈, 강요·강제적인 심부름 및 성폭력, 따돌림, 사이버따돌림, 정보통신망을 이용한 음란·폭력 정보 등에 의하여 신체·정신 또는 재산상의 피해를 수반하는 행위를 말한다고 규정하고 있다.

따돌림이란 학교 내외에서 2명 이상의 학생들이 특정인이나 특정집단의 학생들을 대상으로 지속적이거나 반복적으로 신체적 또는 심리적 공격을 가하여 상대방이 고통을 느끼도록 하는 일체의 행위를 말한다고 규정하고 있다.[2) 또한 사이버따돌림이란 인터넷 또는 휴대전화 등 정보통신기기를 이용하여 학생들이 특정학생들을 대상으로 지속적, 반복적으로 심리적 공격을 가하거나, 특정학생과 관련된 개인정보 또는 허위사실을 유포하여 상대방이 고통을 느끼도록 하는 일체의 행위를 말한다고 규정하고 있다.

일반적으로 학교폭력은 그 주체, 발생장소, 피해유형의 관점에서 정의할 수 있다.

---

2) 따돌림과 유사한 용어는 괴롭힘과 왕따가 있다. 괴롭힘은 의도적으로 한 개인을 언어적·신체적으로 못살게 구는 행동을 의미하고 왕따는 한 집단의 소속원 중 자기보다 약한 상대를 대상으로 또는 집단의 암묵적인 규칙을 어긴 자를 대상으로 집단 또는 개인이 돌아가며 신체적·심리적 공격을 지속적이고 반복적으로 가하여 고통을 주는 행위라고 할 수 있다(김혜원, 청소년 학교폭력: 이해·예방·개입을 위한 지침서(서울: 학지사, 2013), p. 21; 박경숙·손희권·송혜정, 학생의 왕따(집단따돌림 및 괴롭힘)현상에 관한 연구, 한국교육개발원, 1998, p. 204).

첫째, 학교폭력의 주체는 학생이 주체가 되는가, 아니면 다른 사람이 주체가 될 수 있는가 하는 것이다. 학교의 구성원은 교사와 학생이 있으나 교사가 학생에 대하여 폭력을 행사한다면 학교폭력으로 볼 수 있는가 하는 것이다. 우리나라는 이러한 경우를 학교폭력으로 인정하지 않고 아동학대로 인정하고 있다. 반대로 학생이 교사에 대하여 폭력을 행사하는 경우는 우리나라에서는 학교폭력으로 인정하지 않지만 미국이나 일본에서는 학교폭력으로 인정하고 있다. 따라서 학교폭력이란 학생이 학생을 대상으로 폭력을 행사하는 것으로 정의할 수 있다.

둘째, 학교폭력이 학교 내에서만 발생해야 하고 학교 외에서 발생하는 폭력은 학교폭력이라고 볼 수 없는가 하는 학교폭력 발생장소에 관한 문제이다.

일반적으로 학교폭력이란 학교 내에서 발생하는 폭력을 의미하지만 등하교길 등 학교 외에서 발생하는 폭력이라도 학생들에게 영향을 미치는 것이라면 학교폭력이라고 정의할 수 있다.

셋째, 학교폭력의 피해유형은 신체적 피해를 야기하는 폭력이라고 생각할 수 있다. 그러나 금품갈취를 목적으로 신체적 폭력으로 피해를 당할 경우에는 재산상의 피해, 신체적 피해, 정신적인 피해를 야기한다는 점에서 학교폭력은 이러한 피해를 포괄한다고 할 수 있다.

이외에 미국에서는 따돌림과 관련하여 bullying이라는 용어를 사용하고 있다. 이것은 한 학생이 반복적이고 지속적으로 한 명 또는 그 이상의 다른 학생들로부터 의도적으로 상처나 고통을 받는 공격행동으로 정의하고 있다.[3] 또한 일본에서는 이지메(いじめ)라는 개념을 사용하고 있는데, 이지메란 해당 학생이 일정한 인간관계에 있는 사람으로부터 심리적, 물리적 공격을 받음으로 인해 정신적인 고통을 받는 것으로 정의하고 있다.[4]

---

3) Olweus D., Aggression in the School: Bullying and Wipping Boys(Washington D. C.: Hemisphere Press, 1978).
4) 文部科學省, 兒童生徒の 問題行動等生徒指導上の 諸問題に關する 調査, 2011.

2. 학교폭력의 실태

최근 학교폭력은 최초 발생연령이 점차 낮아지고 있으며, 중학생의 학교폭력 발생비율이 가장 높게 나타나고 있다. 이러한 학교폭력은 가해자와 피해자 구별이 불분명한 경우가 많아서 피해와 가해의 악순환이 지속되고 있다. 특히 단순한 물리적 폭력보다는 강제적 심부름이나 사이버따돌림과 같은 언어적·정신적 폭력이 반복되고 있다. 또한 미디어를 통한 폭력 등의 유해성에 대한 인식과 대응수준이 둔감해지고 이를 모방하려는 경향이 뚜렷하여, 학교폭력이 집단화·흉포화되고 있는 추세라고 할 수 있다.

최근 5년간 학교폭력의 유형별 및 조치별 현황을 보면 다음 〈표 16〉과 같다.

〈표 16〉 학교폭력 유형별 및 조치별 현황

구분 연도별	계	유형별				조치별			
		폭행 상해	금품 갈취	성폭력	기타	구속	불구속	소년부 송치	기타
2017	14,000	11,038	1,191	1,695	1,076	61	10,556	1,296	2,087
2018	13,367	7,935	1,377	2,529	1,526	86	9,546	1,319	2,416
2019	13,584	7,485	1,328	3,060	1,711	84	9,233	1,587	2,680
2020	11,331	5,863	1,184	2,462	1,822	79	7,710	1,332	2,210
2021	11,968	6,000	935	2,879	2,154	66	5,194	457	6,251

자료: 경찰청, 경찰통계연보, 2022, p. 94.

먼저 학교폭력의 검거인원의 유형별 현황을 보면, 2016년까지 감소하다가 2017년부터 증가하고 있다. 검거현황을 보면 매년 폭행·상해가 가장 많고 성폭력은 증가하는 추세에 있으며 금품갈취는 감소하는 추세에 있다. 그리고 조치별 현황을 보면, 불구속이 가장 많고 기타(내사종결, 즉심훈방 등), 소년부송치, 구속 순으로 나타나고 있다.

또한 학교폭력 근절에 대한 사회적 분위기가 확산되어 학교폭력이 범죄라는 인식이 높아져 학교폭력 신고접수 건수가 급증하고 있다.[5] 즉 학교폭력 피해자가 스스로 도움을 요청하여 각종 지원을 받을 가능성이 과거에 비해 높아진 것으로 평가할 수 있다.

3. 학교폭력과 학생보호인력

학교폭력에 대응하기 위한 학생보호인력으로는 학교연계경찰(School Liaision Officer)과 학교자원경찰(School Resource Officer), 학교안전관(School Security Officer), 배움터지킴이 등을 들 수 있다.

학교연계경찰은 관할구역 내의 각급 학교에 관련교육을 이수한 경찰관을 학교연계경찰로 임명하여 경찰서에 상주하면서 각급 학교에 방문하여 학교폭력예방 및 법준수 등을 교육하며 학교폭력발생시 가해 및 피해학생과 학교, 학부모 사이에서 중재하는 임무를 수행한다.

학교자원경찰은 교육청과 체결한 협정에 따라 학교에서 풀타임으로 근무하며 교육청은 학교경찰 전담부서를 설치하여 운영하고 있다. 이들은 범죄를 수사하기보다는 범죄를 예방하는 것이 주요한 임무라고 할 수 있고 학교폭력발생시 사건의 처리는 일반경찰이 하도록 하고 처리 여부에 대한 조정과 협의에만 관여한다.

학교안전관은 학교안전 지원업무를 담당하는 민간인 신분으로서 학교안전지원서비스, 캠퍼스 감시감독, 불우한 학생에 대한 지원, 방문자 상담, 학교안전을 유지하고 개선하는 활동을 수행한다.

배움터지킴이는 퇴직경찰과 퇴직교사가 2인 1조가 되어 교내순찰과 학생상담을 통해 학교폭력에 효과적으로 대처하고 학생을 보호하기 위한 제도

---

5) 교육부에서 실시한 조사에 따르면 학생의 76%, 학부모의 76%, 교원의 75%가 사소한 괴롭힘도 범죄로 인식하고 있는 것으로 나타났다고 한다. 또한 117 학교폭력 신고접수 건수는 하루 평균 2011년 0.8건에서 2012년 219.5건으로 무려 274배 증가하였다(경찰청 내부자료).

로서 2005년 5월 2일부터 7월 말까지 부산지역 7개 학교에서 시범적으로 시행한 후 전국적으로 확대시행하고 있다. 배움터지킴이는 교내 화장실이나 옥상 등 후미진 곳을 반복 순찰하고, 학생상담 등을 통하여 학교 내에서 발생하는 학교폭력 예방에 주력함으로써, 피해학생을 보호하고 가해학생을 선도하는 역할을 담당하고 있다.

4. 학교폭력의 대응방안

1) 법적인 대응방안

(1) 조직상의 대응

학교폭력에 관한 법적 대응을 위하여 학교폭력예방 및 대책에 관한 법률을 시행하고 있는데 그 주요내용을 보면 다음과 같다.

교육부장관은 학교폭력의 예방 및 대책에 관한 정책목표·방향을 설정하고 학교폭력대책위원회의 심의를 거쳐 기본계획을 5년마다 수립하여 시행하여야 한다. 기본계획의 주요 내용은 학교폭력의 근절을 위한 조사, 연구, 교육 및 계도, 피해학생에 대한 치료·재활 등의 지원, 학교폭력 관련 행정기관 및 교육기관 상호간의 협조 및 지원 등이다.

학교폭력의 예방 및 대책을 심의하기 위하여 국무총리 소속으로 학교폭력대책위원회를 두고 위원장 2인을 포함한 20인 이내의 위원으로 구성한다. 위원의 임기는 2년으로 하되 1차에 한하여 연임할 수 있다.

지역의 학교폭력문제를 해결하기 위하여 시·도에 학교폭력대책지역위원회를 두며 지역위원회를 위원장 1인을 포함한 11인 이내의 위원으로 구성한다.

학교폭력의 예방대책을 수립하고 기관별 추진계획 및 상호협력·지원방안 등을 협의하기 위하여 시·군·구에 학교폭력대책지역협의회를 두며 위원장 1인을 포함한 20명 내외의 위원으로 구성한다.

학교폭력의 예방 및 대책에 관한 사항을 심의하기 위하여 교육지원청에 학교폭력대책심의위원회를 두며 심의위원회는 10명 이상 50명 이내 위원으로 구성하되 전체위원 1/3 이상을 해당 교육지원청 관할구역 내 학교에 소속된 학생의 학부모로 위촉하여야 한다. 학교폭력대책심의위원회는 ① 학교폭력의 예방 및 대책 ② 피해학생의 보호 ③ 가해학생에 대한 교육, 선도 및 징계 ④ 피해학생과 가해학생과의 분쟁조정 등을 심의한다.

학교장은 상담실을 설치하고 전문상담교사를 두어야 하고 전문상담교사는 학교장 및 심의위원회의 요구가 있을 경우에는 학교폭력에 관련된 피해학생 및 가해학생의 상담결과를 보고하여야 한다.

학교장은 교감, 전문상담교사, 보건교사, 및 책임교사 등으로 학교폭력 문제를 담당하는 전담기구를 구성한다. 전담기구는 학교폭력에 대한 실태조사와 학교폭력예방프로그램을 실시하며 학교장 및 심의위원회의 요구가 있을 때에는 학교폭력에 관련된 조사 등 활동결과를 보고하여야 한다. 피해학생 또는 피해학생의 보호자는 피해사실 확인을 위하여 전담기구에 조사를 요구할 수 있다.

(2) 피해학생의 보호

심의위원회는 피해학생의 보호를 위하여 다음과 같은 조치를 학교장에게 요청할 수 있다. ① 학내외 전문가에 의한 심리상담 및 조언 ② 일시보호 ③ 치료 및 치료를 위한 요양 ④ 학급교체 등이다.

(3) 가해학생에 대한 조치

심의위원회는 피해학생의 보호와 가해학생의 선도 및 교육을 위하여 다음과 같은 조치를 할 수 있다. ① 피해학생에 대한 서면사과 ② 피해학생 및 신고·고발한 학생에 대한 접촉, 협박 및 보복행위의 금지 ③ 학교에서의 봉사 ④ 사회봉사 ⑤ 학내외 전문가에 의한 특별교육 이수 또는 심리치료 ⑥ 출석정지 ⑦ 학급교체 ⑧ 전학 ⑨ 퇴학처분 등이다.

(4) 분쟁조정

심의위원회는 학교폭력과 관련하여 분쟁이 있는 경우, 피해학생과 가해학생 간 또는 그 보호자 간의 손해배상에 관련된 합의조정을 위하여 1개월 내에 그 분쟁을 조정할 수 있다.

(5) 학교폭력의 법적 대응방안

첫째, 학교폭력 예방 및 대책에 관한 법률을 전면적으로 개정하여 학교안전의 개념을 도입하는 방안이다. 최근에 미국 등에서 학교폭력의 개념을 테러 등을 포함하는 학교안전이라는 넓은 개념에서 대책을 강구하고 있는 바와 같이 학교폭력 예방 및 대책에 관한 법률을 폐지하고 대신에 학교안전에 관한 법률을 제정하여 학교안전의 개념을 도입해야 한다. 이 경우에 학교내에 학교안전센터를 설치하여 운영할 수 있다.

교감을 위원장으로 하고 상담교사, 보건교사, 책임교사가 위원으로 참여하는 학교안전위원회를 구성하고 그 아래에 학교안전센터를 설치하여 학교안전센터는 상담업무, 보건업무, 사건처리업무 등 학교안전에 관한 포괄적인 기능을 담당하게 함으로써 학생들의 일상적인 학교생활뿐만 아니라 학교폭력으로부터 위협받는 정신적·신체적인 안전을 지키는 학교안전지킴이로서의 역할을 할 수 있을 것이다. 학교안전센터의 조직도는 〈그림 6〉과 같다.

둘째, 학교폭력 예방 및 대책에 관한 법률과 동 시행령 및 시행규칙에 따라 기초자치단체가 학교안전조례를 제정하여 시행하는 방안이다. 이 경우에도 학교경찰의 조직, 임무, 선발 및 교육훈련, 활동범위 등을 규정하여야 한다. 학교폭력 예방은 중앙정부 차원보다는 지역사회 차원에서 이루어지는 것이 지역특성에 맞는 관련기관이 참여할 수 있고 지역주민의 의견을 반영할 수 있기 때문에 가장 실효성 있는 효과적인 방안이라고 할 수 있다.

〈그림 6〉 학교안전센터의 조직도

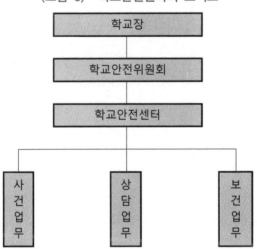

이러한 방안 중에서 장기적으로는 학교안전의 개념을 도입하여 현행 학교폭력예방 및 대책에 관한 법률을 전면적으로 개정하여 학교안전에 관한 법률을 제정하여 시행해야 하고 단기적으로는 이러한 법률이나 시행령 등에 근거하여 기초자치단체가 조례를 제정하여 시행하는 방안도 모색해야 할 것이다.

2) 교육당국의 대응방안

(1) 학교장의 역할 및 책무성 강화

학교폭력이 발생하면 학교장 판단하에 가해학생에 대해 즉시 분리조치를 취하고 피해학생은 별도의 시설에서 교육을 받을 수 있도록 하여 피해학생을 보호한다. 학교장이 학교폭력을 은폐한 사실이 발각된 경우, 학교장 및 관련 교원에 대해 4대 비위(금품수수, 성적조작, 성폭력범죄, 신체적 폭력) 수준에서 징계하고 있다.

(2) 담임교사의 역할 강화

담임교사는 매 학기 1회 이상 모든 학생과 1:1 면담을 실시하고, 면담결과를 학부모에게 통지(이메일, 문자 등 다양한 방법 활용)하도록 하며, 담임교사의 업무부담을 줄여줄 수 있도록 복수담임제도를 시행하고 있다.

학교폭력대책심의위원회의 조치사항을 학교생활기록부에 기재하고 기재된 내용은 학생지도에 활용하고 상급학교 진학시 자료로 활용하고 있다.

(3) 교원양성–임용–연수단계에서 생활지도 역량 강화

교사자격증 수여시에 교직소양 분야에 게임·인터넷 중독예방, 사이버폭력대응 방법 등이 포함된 '학교폭력 예방 및 대책' 과목을 이수하여야 하며, 교사를 신규채용할 경우, 학생에 대한 이해, 학교폭력상황 문제해결능력 등을 검증하기 위한 교직적성 심층면접 등을 실시하고 있다.

(4) 학교폭력실태 전수조사 실시

교육부는 매년 초4~고3학생을 대상으로 학교폭력의 실태와 원인을 파악하여 예방과 대응방안을 적극적으로 마련하기 위해 학교폭력실태 전수조사를 실시하고 있다.

(5) 학교안전공제회를 통한 보상

학교폭력대책심의위원회에서 조치가 결정된 사안에 대해서는 가해학생 측의 경제적 사정과 관계없이 학교안전공제회가 피해학생의 심리상담·일시보호·치료를 위한 요양에 소요된 비용을 우선 부담한 후 가해 학생부모에게 구상권을 청구하고 있다.

(6) 학교폭력 사이버상담 지원

인터넷과 SNS를 이용한 학교폭력관련 사이버상담을 활성화하기 위하여 전문상담교사(883명), 전문상담교사 자격증소지 교사(13,000여 명)들 중에서 사이버상담사를 선발하여 사이버상담을 시행하고 있다.

3) 경찰의 대응방안

(1) 117신고센터 운영 활성화

2012년 학교폭력 근절종합대책 발표 이후, 부처별로 분산되어 있던 학교폭력신고전화를 117로 통합하고 2012년 6월에는 전국 지방청에 117신고센터를 개소하여 경찰, 교육부, 여성가족부 합동으로 24시간 신고접수 및 상담을 실시하고 있다.

그리고 최근 증가하고 있는 사이버폭력에 대응하기 위해 117신고채팅앱을 개발하여 학생들이 손쉽게 스마트폰으로 신고할 수 있도록 하였다. 117신고채팅앱을 통하여 117신고센터 상담사와 실시간 채팅상담 및 익명상담이 가능하고 동영상과 사진파일도 전송할 수 있으며 학교별 학교전담경찰관의 검색이 가능하다.

(2) 학교폭력 예방교육

학생들에게 학교폭력의 심각성과 사소한 폭력과 따돌림도 범죄라는 인식을 심어주기 위해 초·중·고별로 학생들의 눈높이에 맞는 학교폭력 예방교육을 실시하고 있다. 학교전담경찰관이 정복을 착용하고 학교에 진출하여 소규모학급단위로 교육을 하고 있고 학생들의 눈높이에 맞게 도전골든벨이나 역할극 등 다양한 방식의 예방교육프로그램을 시행하고 있다.

(3) 학교전담경찰관 운영

학교전담경찰관은 청소년상담 관련 학위·자격증 소지자 및 소년업무 경력자 등 전문성을 갖춘 경찰관으로 특채를 통한 역량을 제고하고 있다.

학교전담경찰관의 임무는 다음과 같다.

① 학교폭력 예방교육 등 사전 예방 활동
② 학교폭력대책자치위원회 위원으로 참석
③ 학교 내 일진 등 폭력써클에 대한 정보 수집 및 해체·선도·관리
④ 학교폭력 피해사례 접수 및 가·피해학생 상담을 통한 지원 및 선도

⑤ 학교와 경찰서 간 연락체계 구축

⑥ 배움터지킴이·학교보안관·아동안전지킴이 등 학생보호인력과의 협력·연계를 통한 학교 내외에서의 학생보호 활동

⑦ 학교 밖 청소년 탐색 및 학교 밖 청소년 지원센터 연계 등 지원

⑧ 아동학대·소년범죄 등 정보수집 및 가·피해 청소년 선도·지원 등이다.

학교전담경찰관은 담당 학교를 주기적으로 방문하여 학교폭력 사안에 대해 학교와 유기적으로 협력하고 필요한 조치를 취한다.

제14장

지역사회환경과 청소년비행

제14장 지역사회환경과 청소년비행

제1절 의   의

　지역사회(community)는 지역공동체와 같은 의미로서 과거에는 자생적 단위로 형성되었으나 오늘날에는 정치적·행정적 단위로 형성되어 있어서 지역사회는 지방자치단체와 동일한 개념으로 사용되고 있다.

　지역사회는 청소년들과 직접 접촉하는 주민들의 의견을 충분히 반영할 수 있고 주민들은 어느 지역이 우범지역인가를 잘 알고 있기 때문에 지역성을 확보할 수 있다는 점에서 청소년비행을 통제하는 데 그 효과를 거둘 수 있다.

　지역사회에서 청소년비행에 대응하기 위해서는 네 가지 차원에서 접근해야 할 것이다. 첫째, 청소년들의 범죄를 예방하고 건전한 육성을 뒷받침할 수 있는 청소년보호육성관련 조례를 제정해서 시행해야 한다.

　둘째, 다기관 접근법으로서 지역사회에 소재하고 있는 경찰서, 교육청, 시청, 청소년단체 등의 유관기관이 청소년비행에 대한 협력적 네트워크를 구축해야 한다.

셋째, 청소년들의 성매매행위, 음란행위, 사행행위를 조장하는 풍속영업 등을 규제하고 건전한 놀이문화나 공간을 확충해야 한다.

넷째, 청소년들이 범죄나 비행에 개입하지 않도록 청소년비행예방관련 프로그램을 개발하여 시행해야 할 것이다.

제2절 지방자치단체의 청소년보호관련 조례제정

일본은 전국적·통일적인 중앙입법은 없고 각 지방자치단체별로 조례를 제정하여 지역의 실정에 맞게 청소년보호육성조례를 시행하고 있다. 그러나 각 지방자치단체에 따라 조례내용에 상당한 차이를 나타내고 있어서 불공정한 운용과 과도한 규제 등의 문제가 발생하고 있기 때문에 중앙입법화하려는 주장도 제기되고 있다.

그러나 기초지방자치단체가 조례를 제정하여 시행할 경우 청소년과 직접 접촉하는 주민들의 의견이 반영될 수 있을 뿐만 아니라 지역성을 확보할 수 있기 때문에 시군의 조례로 운영하는 것이 바람직할 것이다. 또한 최근의 추세는 지역사회 범죄예방활동이 강조되고 있으므로 중앙입법화는 이러한 활동을 위축시킬 가능성을 배제할 수 없다는 한계가 있다.

일본의 각 지방자치단체가 제정하여 시행하고 있는 청소년보호육성조례의 내용을 보면 유해환경정화를 위한 규제와 청소년 자신의 유행행위의 규제로 나눌 수 있다. 먼저 유해환경정화를 위한 규제는 판매규제, 자동판매기의 규제, 출입제한, 유해광고게시 금지 등 기타 유해환경 정화 등을 규정하고 있고 청소년자신의 유해행위의 규제는 음행규제, 문신규제, 심야통행규제 등을 규정하고 있다.

따라서 우리나라는 중앙의 청소년보호법에 의하여 유해매체, 유해약물, 유해업소, 유해행위 등 유해환경을 규정하고 있으나 일본은 각 지방자치단체가 제정한 청소년보호육성조례에서 이러한 유해환경을 규정하고 있다는 점에서 차이가 있다고 할 수 있다.

〈표 17〉 유해환경정화를 위한 규제

규제형태	세부내용
판매규제	① 유해도서류의 판매금지 ② 칼 등 위험물의 판매금지 ③ 신나, 톨루엔 등 유해약품판매금지 ④ 자동차 및 자동차부품의 판매금지
자동판매기의 규제	① 포르노잡지 및 유해잡지 판매금지 ② 위생용품 및 피임기구의 판매금지
출입제한	① 성인영화상영관의 입장금지 ② 폭력성, 잔인성을 조장하는 연극, 전시물 등의 관람 금지
기타 유해환경의 정화	유해광고물게시 금지

〈표 18〉 청소년자신에 대한 유해행위의 규제

규제형태	세부내용
음행규제	나이 어린 여성과 성인과의 불순한 성관계 금지
문신규제	청소년에게 문신을 새기거나 권유 또는 주선 금지
심야통행규제	심야에 정당한 이유없는 청소년의 외출금지
기타	① 비행집단의 결성 금지 ② 음주·흡연의 권유 금지 ③ 심야 흥행장 출입금지 ④ 청소년을 대상으로 고물매수, 전당행위, 금전대부 등

제3절 다기관협력적 네트워크 구축

영국은 2004년 법무부산하에 국가범죄자관리청(National Offender Management Service, NOMS)을 신설하고 그 아래에 전국을 10개 지역으로 나누어 각 지역에 범죄자지역관리부를 설치하여 교정기관과 보호관찰기관을 감독하고 재범률을 감소시킨다는 목적으로 운영하고 있다.

1998년에 제정된 범죄 및 무질서법(Crime and Disorder Act)은 제5조에서 범죄와 무질서를 해결하기 위해서 지방자치단체, 보호관찰기관, 경찰, 보건부가 협력해야 한다고 규정하고 제6조는 지방자치단체와 경찰은 다른 기관과 함께 범죄예방파트너십을 구성하여 일정한 주기로 활동을 수행해야 한다고 규정하고 있다.

2003년 형사사법법에 의해서 도입된 다기관공공보호협의체(Multi-agency Public Protection Arrangements, MAPPA)는 경찰, 교정기관, 보호관찰기관이 서로 연계하여 성범죄자나 상습폭력 등 강력범죄자를 특별관리하기 위하여 NOMS의 공공보호과 산하에 설치되었다. MAPPA는 강력범죄자가 출소하기 전에 재범위험성을 평가하여 고위험군 범죄자를 분류하여 유형별로 위험관리계획을 수립하고 시행하여 재범률을 낮추는 것을 목적으로 한다.

구체적인 운영절차를 보면 다음과 같다.[1]

MAPPA는 책임운영기관과 의무협력기관으로 구분하고 책임운영기관은 경찰, 교정기관, 보호관찰기관으로 정하고 의무협력기관은 청소년범죄팀, 사회보장, 아동복지, 고용관련부처, 지역교육청, 지역주택청, 사회복지시설, 보건소, 응급구호기관, 건강보험공단, 전자감시업자, 영국출입국관리소 등으로 정하고 있다.

---

1) 한상암, "고위험군 범죄자관리를 위한 영국의 다기관협력체제 구축," 교정담론, 아시아 교정포럼, 제7권 제1호, 2013, pp. 72-90.

MAPPA가 관리하는 범죄자유형은 등록된 성범죄자(category 1), 폭력범죄 및 기타 범죄자(category 2), 기타 살인, 유괴 등 위험한 범죄자(category 3)로 분류하고 있다.

MAPPA의 범죄자 관리수준은 재범위험성이 낮고 단일기관의 통상적인 관리수준(level 1), 재범위험성이 높고 MAPPA의 책임운영기관의 관리가 필요한 관리수준(level 2), 재범위험성이 매우 높고 MAPPA의 특별관리가 필요하여 책임운영기관과 의무협력기관이 참여하는 관리수준(level 3)으로 구분하고 있다.

MAPPA의 위험성평가는 확인과정과 평가과정으로 이루어지며 확인과정은 심각한 위해가능성, 발생가능한 위해정도, 특정인 또는 특정집단이 범죄에 의한 피해자가 될 가능성을 확인하고 평가과정은 누가 위험한가, 어떤 위험인가, 언제 재범이 발생할 가능성이 있는가를 평가한다.

이러한 MAPPA를 효율적으로 운영하기 위해서는 경찰, 교정기관, 보호관찰기관 간의 형사사법전산망을 통한 범죄정보를 공유하는 것이 중요하다고 할 수 있다.

이에 가장 대표적인 프로그램은 NOMS의 주도하에 시행되는 Together We Can Project를 들 수 있다. 이 프로그램은 지역사회 주민들에게 청소년범죄자 관리의 중요성을 홍보하고 청소년출소자의 재범방지를 위해 교정기관, 보호관찰기관, 소년사법위원회가 협력하는 시스템을 구축하고 있다.[2]

한편 우리나라는 지역사회의 법질서를 확립하고 범죄예방활동을 효과적으로 수행하기 위하여 지역치안협의회를 운영하고 있다. 지역치안협의회는 광역자치단체와 기초자치단체를 중심으로 운영되고 있으며 경찰, 교육, 소방, 언론, 시민단체, 대학 등이 참여하고 있다. 회의는 정기회의는 분기별 1회 개최하고 실무협의회는 월 1회 정기적으로 개최하며 자치단체장이 의장을 맡도록 되어 있다.

---

2) 한국법무보호복지공단, 해외 갱생보호제도 조사보고: 영국, 2013, pp. 12-13.

주요 활동은 기초질서 및 교통질서의 계도, 불법집회 대응, 사회적 약자 보호, CCTV 등 치안인프라 확충 등이다.

그러나 지역치안협의회는 다음과 같은 문제점이 지적되고 있다. 첫째, 지역치안협의회는 아무런 법적 근거없이 운영되고 있다는 것이다. 영국의 MAPPA가 형사사법법에 근거하여 운영되고 있어서 실질적인 범죄예방활동을 수행하고 있는 점에 비추어 지역치안협의회도 관련법률을 제정하든가 아니면, 지방자치단체에서 조례를 제정해서 운영하거나 참여기관 간의 사무협약 등을 제정하여 운영해야 할 것이다.

둘째, 지역치안협의회는 한번 모여서 캠페인을 전개하는 등 형식적으로 운영되고 있으며 일회성, 단발성으로 운영되고 있다. 따라서 학교폭력 등 지역사회의 공통적인 관심사에 대한 해결책을 모색하기 위하여 각 기관별 역할을 모색하는 방향으로 개선되어야 한다.

셋째, 지역치안협의회를 실무적으로 지원하기 위하여 실무위원회가 운영되고 있으나 회의개최 등을 위한 사무국을 갖추고 있지 못하고 있는데 이에 대한 대책이 필요하다고 생각된다.

제4절 풍속영업의 규제

1. 의의

풍속영업이란 불특정다수에 대하여 법질서를 지키면서 일회성이 아닌 계속성을 가지고 영리를 목적으로 영업자 자신의 명의와 결정으로 독립적인 영업활동을 영위하면서 성, 음주, 사행 등 인간의 본능적 부분에 기인하여 향락성이 있는 성매매행위, 음란행위, 사행행위 등의 행위를 조장할 우려가 있고 성인에게는 건전한 사회생활을 영위하는 데 장애가 되고 청소년에게는 건전한 육성에 장애가 되는 영업으로 정의할 수 있다.

2. 풍속영업의 범위

풍속영업의 규제에 관한 법률 제2조에서 풍속영업의 범위를 규정하고 있다. 구체적인 풍속영업의 범위는 다음 〈표 19〉와 같다.

〈표 19〉 풍속영업의 범위

조항	관련법령	대상업종 및 설명
제2조 1호	- 게임산업진흥에 관한 법률 제2조 제6호 및 제8호	① 게임제공업: 게임시설 또는 게임기구를 갖추고 게임물을 이용하여 대중오락을 제공하는 영업(6호) ② 복합유통게임제공업(8호)
제2조 2호	- 영화 및 비디오물의 진흥에 관한 법률 제2조 제16호 가목	비디오물감상실업: 비디오물 및 비디오 시청시설을 갖추고 비디오물을 시청 제공하는 영업
제2조 3호	- 음악산업진흥에 관한 법률 제2조 제13호	노래연습장업: 연주자 없이 반주에 맞추어 노래를 부를 수 있도록 영상 또는 무영상 반주장치를 등 시설을 갖추고 입장료 또는 시설이용료를 받는 영업
제2조 4호	- 공중위생관리법 제2조 제1항 제2호에서 제4호	① 숙박업: 손님이 잠을 자고 머물 수 있도록 시설 및 설비 등의 서비스를 제공하는 영업(민박제외) ② 이용업: 손님의 머리카락 또는 수염을 깎거나 다듬는 등의 방법으로 손님의 용모를 단정하게 하는 영업 ③ 목욕장업: 물로 목욕할 수 있는 시설 및 설비 등의 서비스/맥반석·황토·옥 등을 직접 또는 간접 가열하여 발생되는 열기 또는 원적외선 등을 이용하여 땀을 낼 수 있는 시설 및 설비 등의 서비스를 손님에게 제공하는 영업
제2조 5호	- 식품위생법 제36조 제1항 제3호 - 동시행령 제21조 제8호 다목 및 라목	① 단란주점영업: 주류를 조리·판매하는 영업으로서 손님이 노래를 부르는 행위가 허용되는 영업 ② 유흥주점영업: 주류를 조리·판매하는 영업으로서 유흥종사자를 두거나 유흥시설을 설치할 수 있고 손님이 노래를 부르거나 춤을 추는 행위가 허용되는 영업
제2조 6호	- 체육시설의 설치·이용에 관한 법률 제10조 제1항 제2호	① 무도학원업: 회비 등을 받거나 유료로 무도과정을 교습하는 영업 ② 무도장업: 회비 등을 받거나 유료로 무도장소를 제공하는 영업

3. 풍속영업자의 준수사항

풍속영업자 및 그 종사자는 풍속영업을 하는 장소에서 ① 성매매알선 등 행위의 처벌에 관한 법률에 따른 성매매행위 알선 등 행위 ② 음란행위를 하게 하거나 이를 알선 또는 제공하는 행위 ③ 음란한 문서·도화·영화·음반·비디오물 기타 물건을 반포·판매·대여하거나 이를 하게 하는 행위와 이를 관람·열람하게 하는 행위 및 이를 반포·판매·대여·관람·열람의 목적으로 음란한 물건을 진열 또는 보관하는 행위 ④ 도박이나 기타 사행행위를 하게 하는 행위를 하여서는 아니된다는 준수사항을 규정하고 있다(풍속법 제3조).

4. 풍속영업의 통보 및 위반사항 통보

다른 법률에 의하여 풍속영업의 허가를 한 허가관청은 풍속영업소의 소재지를 관할하는 경찰서장에게 ㉠ 풍속영업자의 성명 및 주소(법인의 경우에는 대표자의 성명 및 주소를 포함한다) ㉡ 풍속영업소의 명칭 및 주소 ㉢ 풍속영업의 종류 등의 사항을 통보하여야 한다.

허가관청은 풍속영업자가 휴·폐업하거나 그 영업내용이 변경될 때, 허가취소 또는 폐쇄명령, 영업정지, 시설개수명령 등의 사유가 발생한 때에는 경찰서장에게 그 사실을 통보하여야 한다(풍속법 제4조 제2항).

경찰서장은 풍속영업자 또는 종사자가 준수사항을 위반한 때에는 그 사실을 허가관청에 알리고 과세에 필요한 자료를 국세청장에게 통보하여야 한다. 이러한 통보를 받은 허가관청은 그 내용에 따라 허가취소, 시설개수명령 등 필요한 처분을 한 후 그 결과를 당해 경찰서장에게 통보하여야 한다(풍속법 제6조 제1항, 제2항).

5. 출입검사

경찰서장은 특별히 필요한 경우 국가경찰공무원에게 풍속영업소에 출입하여 풍속영업자 및 종사자가 준수사항을 지키고 있는지를 검사하게 할 수 있다. 풍속영업소에 출입하여 검사하는 국가경찰공무원은 그 권한을 표시하는 증표를 지니고 이를 관계인에게 내보여야 한다(풍속법 제9조).

6. 풍속영업의 규제 및 건전한 놀이공간 확충

최근 오피스텔, 키스방 등 신변종업소에서 이루어지는 풍속영업이 학교, 주택가 주변까지 파고들어 청소년들의 건전한 육성에 저해요인으로 등장하고 있다. 이러한 풍속영업을 단속하기 위하여 경찰이 성범죄광역수사대를 발족시켜 성매매 등 풍속사범을 단속하고 있고 학교 및 주택가 주변을 CLEAN 지역으로 선정하여 이러한 지역 내의 신종업소에 대한 단속을 강화하고 있으며 특히 불법음란전단지 살포행위 등의 광고행위를 집중단속하여 건전한 사회분위기 조성에도 노력하고 있다.

그리고 건전한 풍속영업을 유도하기 위해서는 불법적인 풍속영업자에 대해서는 철저한 수사를 통해 부정이익을 환수해야 할 것이고 모범적인 풍속영업자에 대해서는 세제혜택을 주어야 할 것이다.

또한 청소년들이 건전하게 여가시간을 보낼 수 있는 놀이공간을 확충해야 한다. 지방자치단체장은 청소년보호를 위하여 필요하다고 인정할 경우 청소년의 정신적·신체적 건강을 해칠 우려가 있는 구역을 청소년통행금지·제한구역으로 지정해야 하고 지방자치단체장은 청소년범죄 또는 탈선의 예방 등 특별한 이유가 있으면 대통령령으로 정하는 바에 따라 시간을 정하여 지정된 구역에 청소년이 통행하는 것을 금지하거나 제한할 수 있다. 이 경우 관할경찰서 및 학교 등 해당지역의 관계기관과 지역주민의 의견을 충분히 반영하여야 한다(청소년보호법 제31조).

청소년통행금지·제한구역은 윤락업소밀집지역, 유흥업소밀집지역으로서 청소년들의 출입이 금지되고 성인들만이 출입할 수 있는 공간이므로 레드존(red zone)이라고 할 수 있다. 청소년들이 성인세계에 대한 동경과 모방심리, 호기심, 충동성 등이 강하기 때문에 갈 곳이 없는 청소년들을 겨냥한 신종변태영업이 생겨나 청소년들을 유혹하고 있다. 따라서 지방자치단체는 청소년들이 레드존에 출입하지 않고 넘쳐나는 에너지를 발산할 수 있는 그린존(green zone)을 확충해야 할 것이다. 이외에 지방자치단체가 관심을 가져야 할 것은 청소년과 성인이 함께 놀 수 있는 아워존(our zone)도 동시에 확충하여 지역사회에 건전한 놀이공간을 충분히 확보해야 할 것이다.

제5절   지역사회 차원의 청소년비행 예방프로그램

지역사회차원에서 운영할 수 있는 청소년비행 예방프로그램은 청소년심야외출제한제도와 청소년폴리스아카데미를 들 수 있다.

1. 청소년심야외출제한제도

청소년심야외출제한제도는 청소년비행을 예방하는 데 효과적인 것으로 평가받고 있다. 미국의 경우 200여 개의 도시 중 146개의 도시에서, 일본의 경우도 46개의 도도부현에서 조례를 제정하여 시행하고 있다.

이 제도의 도입에 대한 찬반론이 제기되고 있다. 학부모와 청소년단체에서는 청소년비행예방에 효과가 있다고 생각하여 찬성하는 입장인 반면, 교사와 경찰은 업무가 가중된다고 생각하여 반대하는 입장에 있다.

그러나 이 제도를 도입하는 데 있어서 고려해야 할 사항은 다음과 같다.

첫째, 입법형식에 있어서 중앙입법으로 도입하는 방안과 지방자치단체
의 조례제정을 통하여 도입하는 방안이 고려될 수 있다.

현재 시행하고 있는 청소년보호법 제31조의 청소년통행금지·제한구역
과 관련하여 시행할 수 있다는 주장이 있다. 그러나 이 제도는 청소년보호법
과 입법취지, 처벌대상이 다르기 때문에 청소년보호법에 규정하는 것은 부적
절하다고 생각된다.[3]

따라서 청소년심야외출제한제도는 청소년보호법에 규정할 수 없고 단일
법을 제정하든가 아니면 지방자치단체에서 조례를 제정하여 시행할 수 있다
고 본다.

둘째, 외출제한대상과 제외대상은 청소년보호법상 규제연령인 19세 미
만의 청소년으로 제한하는 것이 바람직하다고 본다. 참고로 일본은 18세 미
만인 청소년, 미국은 18세 내지 17세 이하의 청소년을 대상으로 하고 있다.
또한 ⅰ) 부모 또는 보호자와 동행하는 청소년 ⅱ) 합법적 직업활동, 학교활
동, 종교행사, 시민행사에 참석하는 청소년 ⅲ) 위급한 상황에 있는 청소년은
통금대상에서 제외한다.[4]

셋째, 외출제한시간이 지역의 실정에 맞도록 신축성 있게 조정하되 시작
시간은 청소년의 과외활동과 학교에서의 보충수업 등을 감안한다면 12:00가
적정할 것이다. 종료시간은 합법적 직업활동 등에 방해되지 않도록 하기 위하
여 04:00가 적당하다고 생각된다.

참고로 일본은 23:00~익일 04:00를 통금시간으로 정하고 있고 미국은
일요일부터 목요일까지는 23:00~익일 06:00까지이고, 금, 토요일의 경우는
토요일이 휴업일이기 때문에 금요일 야간과 토요일 야간은 통금시간을 연장
하여 24:00~익일 06:00까지로 하고 있다.

---

3) 이외에도 청소년 통행금지·제한 구역은 유흥업소의 변태영업과 청소년의 출입을 방지
하기 위하여 20:00~익일 05:00까지 제한하고 있어서 통금시간이 11:00~익일 5:00 정도
인 청소년심야외출제한제도와 시간대가 맞지 않다는 점이다.

4) Dean John Champion, The Juvenile Justice System(N.J.: Prentice Hall, 2007), pp. 49-51.

넷째, 위반청소년에 대한 처벌은 사회봉사명령을 하는 것이 바람직하고 그 보호자에 대하여는 과태료를 부과하거나 특별교육 수강조치가 적당할 것이다.

일본은 위반청소년과 보호자에 대하여 벌금을 부과하고 있고 미국은 위반청소년에 대하여는 최고 25시간 사회봉사활동을 부과하고 있음과 동시에 부모 또는 청소년직장 책임자에게 500달러의 벌금이나 특별교육을 수강하도록 하고 있다.

2. 청소년폴리스아카데미

청소년폴리스아카데미는 학교폭력 등 청소년비행을 예방하고 지역사회의 범죄예방네트워크를 구축한다는 점에서 의의가 있다.

이 프로그램은 학교폭력이 가장 심각한 중학생을 대상으로 경찰에 대한 이해를 증진시키고 학교폭력을 예방하며 나아가 장래 경찰직으로 유인하기 위한 프로그램으로서 지역사회에 소재하고 있는 대학, 경찰서, 교육청, 시청 등 유관기관이 공동으로 운영할 수 있다.

이 프로그램은 최근 심각한 사회문제로 등장하고 있는 학교폭력, 약물남용, 청소년사이버비행 등 청소년비행과 관련된 내용과 교통안전교육, 동행순찰 등 경찰실무를 중심으로 한 내용으로 구성한다. 대학에서는 교수진이 청소년비행과 관련된 강의를 담당하고 경찰서는 교통안전교육, 동행순찰 등 실무를 지원하며 교육청에서는 참가학생을 선발하며 시청은 예산을 지원해주는 방식으로 역할을 분담하여 시행할 수 있다.

청소년폴리스아카데미는 지역사회의 차원에서 청소년범죄나 학교폭력의 문제점을 파악하고 이에 대한 대안프로그램을 개발하는 것이 목적이므로 기존의 극기 훈련 위주의 캠프와는 차별화된 운영을 시도하고 있는 것이 특징이다. 그리고 참가학생에 대하여는 기념품 증정, 청소년명예경찰로 위촉, 사회봉사시간을 인정하는 특전을 부여한다.

  따라서 청소년범죄는 지역사회의 시·군·구청, 경찰서, 교육지원청, 대학, NGO 등 유관기관뿐만 아니라 시민들이 범죄예방의 협력적 네트워크를 구축하여야 그 효과를 거둘 수 있다. 즉 지역사회의 공통적인 관심사가 청소년범죄라면 이러한 청소년범죄에 대응하기 위하여 시·군·구청에서는 청소년복지, 교육지원청은 청소년교육, 경찰서는 청소년비행, 대학은 범죄예방교육, NGO는 청소년상담 등 역할을 분담하여 청소년범죄를 효과적으로 예방할 수 있을 것이다.

제15장

청소년비행(범죄) 예방

제15장 청소년비행(범죄) 예방

1. 의의

일반적으로 범죄예방에 대한 개념정의는 연구마다 다양한 것인 현실이다. 에크블롬(P. Ekblom)은 범죄예방은 발생의 위험성과 결과의 중대성을 감소시키기 위한 범죄 및 무질서사건의 원인에 대한 개입이라고 정의하면서 범죄와 개인과 사회에 대한 영향을 중시하고 있다(Ekblom, 2005: 203-244). 미국의 범죄예방연구소(National Crime Prevention Institute)는 범죄예방이란 범죄위험을 예견, 인식, 평가하여 범죄를 감소 및 근절시키는 사전활동이라고 정의하고 있다. 랩(S. P. Lab)은 범죄예방이란 실질적인 범죄발생수준을 감소시키거나 범죄두려움을 감소시키기 위한 계획된 행동으로 정의하고 있다(Lab, 2014: 27). 이러한 범죄예방은 형사사법기관에 국한되지 않고 개인과 단체 그리고 공·사를 불문하고 이루어진다. 범죄원인도 다양한 측면이 있는 것과 마찬가지로 범죄예방도 다양한 측면에서 이루어질 수 있다.

범죄예방의 범위는 광의와 협의로 구분할 수 있다. 광의로는 간접적, 소극적으로 범죄원인을 제거하거나 감소시키는 모든 활동을 말하며 주택정책, 교육정책 등을 통한 범죄예방을 말한다. 협의로는 직접적, 적극적으로 범죄가 발생하지 않도록 범죄원인을 제거하거나 피해를 방지하는 활동을 말하며 CCTV설치, CPTED기법 도입을 통한 범죄예방을 말한다.

2. 비행예방의 유형

청소년비행의 예방유형은 1차적 예방(primary prevention), 2차적 예방(secondary prevention), 3차적 예방(tertiary prevention)이 있다. 1차적 예방은 일반인을 대상으로 비행을 유발하는 물리적, 사회적 환경을 개선하는 것을 말하며 경찰의 순찰, 민간경비 범죄예방교육 등이 이에 해당한다. 2차적 예방은 청소년비행에 대한 처분과 관련된 상황에서 개인이나 집단의 생활에 개입하는 것을 말하며 이에는 전환제도가 있다. 3차적 예방은 범죄자 개인의 재범예방을 목표로 하는 것으로 전통적인 교화프로그램이 이에 해당한다.

제2절 | 원리와 전략

1. 비행예방의 원리

① 비행예방 접근법이 효과적이려면 비행의 원인에 중점을 두어야 한다.
② 비행은 다양한 원인이 있다. 이러한 원인은 가정, 학교, 친구, 지역사회와 같은 제도화된 영역 내에서 상호 작용한다.
③ 비행은 청소년의 사회화과정 동안의 경험에서 초래되고 유발된다.

2. 비행예방의 전략

1980년대 미국 국립소년사법평가센터(Natonal Juvenile Justice Assessment Center)는 비행의 원인에 따른 비행예방에 대한 접근법을 개념화하고 조직화하려는 12가지 유형을 개발하였다. 이러한 유형은 비행예방의 효과적인 기법을 개발하기 위한 토대를 마련하는 것이었다. 이 12가지 전략은 비행의 원인에 관한 기본가정을 기초로 하고 있고 그 원인을 수정하거나 제거하는 데 목표로 하고 있다.

비행예방의 12가지 전략을 구체적으로 보면 다음 〈표 20〉과 같다.

〈표 20〉 비행예방 전략

전략	기본 가정
생물학적/심리학적 전략	비행행위는 생물학적, 생리학적 생리심리학적 조건에서 발생
심리학적/정신건강의 전략	비행은 본질적으로 부적응적, 병리적이라고 보여지는 내부의 심리적 상태로 인하여 발생
사회적 네트워크 발전 전략	비행은 청소년과 동조하는 사회구성원 간의 애착의 결핍으로 발생
범죄영향감소 전략	비행은 직·간접적으로 청소년에게 비행행위를 조장하는 다른 사람들의 영향으로 발생
권력강화 전략	비행은 환경적 요인에 영향을 미치는 권력이나 통제력의 부족으로 발생
역할강화 전략	비행은 청소년들이 개인적으로 만족하는 합법적 역할이나 활동에 참여하는 기회의 부족으로 발생
활동/오락 전략	비행은 청소년들의 시간을 건전한 활동으로 채우지 못할 경우에 발생
교육/기술 개발 전략	비행은 법을 위반하지 않고 사회생활에 필요한 지식과 기술의 부족으로 발생
명백하고 일관성 있는 사회적 기대 전략	비행은 미디어, 가정, 학교, 지역사회 등과 같은 합법적 제도와 조직에 의하여 청소년들에게 부여된 요구나 기대가 경합하거나 상충할 경우에 발생

경제적 자원 전략	비행은 사람들이 적절한 경제적 자원을 가지고 있지 않을 경우에 발생
억제 전략	비행행위를 함에 있어서 낮은 억제력이 있기 때문에 발생
법적 통제의 포기/사회적 낙인 전략	청소년들의 행위를 비행으로 정의하는 사회적 반응의 결과로서 발생

제3절 비행예방 프로그램

1. BBS(Big Brothers and Sisters)운동

불우청소년, 비행청소년과의 1:1 결연을 통하여 그들의 친구로서 형으로서, 부모로서 그들을 도와주고 이끌어주려는 운동이다. 1904년 미국 뉴욕에서 처음으로 BBS운동이 시작된 이후 12개국에 BBS가 전파되었고 우리나라도 1964년부터 활동을 전개하고 있다.

우리나라의 BBS중앙연맹의 설립목적과 사업을 보면 다음과 같다.[1] 먼저 설립목적은 우애와 봉사를 바탕으로 비행, 문제, 불우청소년에게 삶에 대한 희망과 의욕을 고취시키기 위한 청소년 보호, 지도활동의 전개를 목적으로 한다. 주요 사업은 ① 소외계층 청소년과 회원 간의 1:1 결연사업 ② 소외계층 청소년 장학금 및 생계비 지원 ③ 소년소녀가장돕기 1:1 의형제 맺기 운동 ④ 청소년 수련회 및 위안행사 ⑤ 전국 BBS유공자 시상 ⑥ 비행예방활동 등이다.

또한 보조사업으로는 ① BBS운동의 확산 및 보급 ② 청소년지도자 자질향상을 위한 연수 및 교육 ③ BBS운동홍보를 위한 각종 홍보간행물 발행 ④ BBS운동에 공이 있는 개인 및 단체 표창 등이고 정부위탁사업은 ① 범죄예방 캠페인 및 야간 가두보도 ② 사랑의 교실 ③ 소년자원보호 등이다.

---

1) www.bbskorea.or.kr.

2. 괴롭힘 예방프로그램

이 프로그램은 1982년 노르웨이에서 학교폭력에 시달리던 학생 3명이 잇따라 목숨을 끊은 사건을 계기로 학교폭력을 없애기 위해 사회전체가 괴롭힘을 근절하는 실천운동을 실시할 수 있도록 노르웨이의 학자 올베우스 (Olweus)가 개발한 프로그램이다.

이 프로그램은 괴롭힘의 기회를 저지하고 동료들의 묵인을 감소시키며 괴롭힘의 신고에 대한 보상을 지원하기 위하여 학교의 환경을 재구조화하는 것을 목적으로 한다. 교사는 괴롭힘문제에 대하여 깊이 인식하고 그 예방을 위하여 적극적으로 참여한다. 학급단위에서 괴롭힘행위에 관한 규칙을 만들고 규칙위반에 대한 논의하기 위하여 정기적인 학급회의를 개최한다.

이러한 규칙은 ① 우리는 다른 친구들을 괴롭히지 않을 것 ② 우리는 괴롭힘 당하는 친구를 도울 것 ③ 우리는 혼자 있는 친구들과 함께할 것 ④ 만약 누군가가 괴롭힘을 당하는 것을 알게 되면, 우리는 학교나 집의 어른들에게 이야기할 것 등이다.

이 프로그램의 운영방법은 다음과 같다. 학교폭력에 대한 예방교육을 실시하여 학생들로 하여금 학교폭력의 개념 및 범위를 알게 하고, 각 학급별로 학교폭력 멈춰 프로그램 운영선포식을 실시한다. 조회·종례시간, 창의적 체험활동 및 자기주도 학습시간 등을 활용하여 수시로 학교폭력 상황이 발생하였을 경우 모두 '멈춰'를 외칠 수 있도록 교육을 실시한다.

학급별로 정기적으로 멈춤이, 알림이, 상담이, 지킴이 역할을 부여하고, 1달 또는 1주 단위로 전 학급원이 알 수 있도록 역할을 지정하여 역할의 시연교육을 통해 각자 폭력발생시 대처하는 역할을 수행할 수 있도록 지도한다.

3. 기능적 가족치료(Functional Family Therapy)

이 프로그램은 가족단위의 예방프로그램으로서 다양한 배경을 가진 고위험청소년과 그 가족을 치료하기 위하여 시행되고 있다. 특히 11-18세의 위기청소년에게 3개월에 걸쳐 21시간의 가족치료를 제공한다. 심각한 사건의 경우는 26-30시간의 가족치료를 받을 수 있다.

4. 부모, 교사, 아동 훈련시리즈

이 프로그램은 청소년들의 사회적 능력을 촉진하고 문제행동을 예방, 치료하기 위하여 만들어진 교육프로그램이다. 교육대상은 2-8세의 아동이거나 문제행동을 하는 위기청소년이다. 부모에게는 상호작용적 놀이, 심리적 강화기술, 문제해결전략 등을 교육하고 교사에게는 교실관리의 기술을 교육하며 아동에게는 다른 사람과의 공감능력의 증대, 정서적 능력의 함양, 분노관리, 대인관계의 어려움 해결, 학업의 성취 등을 교육한다.

5. 생활기술훈련(Life Skills Training)

이 프로그램은 담배, 알코올, 마리화나 등의 약물사용을 예방하거나 감소시키기기 위한 교육이다. 교육내용은 약물을 사용하라는 동료들의 압력으로부터 극복하는 저항기술훈련을 중심으로 진행되고 이러한 교육은 학교의 교사보다는 건강전문가나 동료리더로부터 배운다는 것이다. 프로그램의 내용은 자기관리기법, 대인관계 기법, 약물사용에 대한 부정적인 태도 등으로 구성되어 있다.

6. 다차원 치료양육 보호(Multidimensional Treatment Foster Care)

이 프로그램은 반사회적 행위, 비행, 정서적 장애 등의 문제있는 청소년에게 집단치료 및 주거치료, 구금, 병원수용의 효과적인 대안으로 인정되고 있다. 이 프로그램은 양육가정(foster home)에서 단기적이고, 체계적인 치료적 보호를 제공하고 그 목적은 비행 등의 부정적인 행위를 감소시키고 학교생활, 취미활동 등 친사회적 활동에 청소년들의 참여를 증가시키는 것이다. 이 프로그램은 문제있는 청소년들이 양육가정에 입소, 훈련, 감독을 하도록 하고 주별 단위로 집중된 치료를 받도록 하고 있다. 청소년들은 양육가정에서 시행되는 구조화된 일상적인 행동관리프로그램에 참여한다.

7. 마음톡톡

이 프로그램은 미술, 무용, 연극, 음악 등을 활용한 통합예술집단치료를 통해 상처받은 아이들의 마음을 어루만지며 정서적 치유를 돕는 것이다. 그동안 대부분의 기업들이 해오던 단순한 직접지원의 형태에서 벗어나 국내 예술치료 전문가들과 힘을 합쳐 새로운 치료모델을 개발하고, 치료자 양성체계를 구축하는 등 장기적으로 어린이 힐링을 위한 해법을 찾아 제시해본다는 것이 특징이다.

8. 시우보우 프로그램

이 프로그램은 서울대학교 심리학과 발달심리연구실에서 개발한 초·중·고생용 프로그램으로 '친구를 보면서(視友) 친구를 보호하자(保友)'라는 뜻에서 붙인 명칭이다. 이 프로그램은 나와 타인을 이해하고 좋은 관계를 형성할 수 있도록 하는 내용으로 구성되어 있다. 이것을 통해 학생들은 학교폭력에 대한 간접적인 경험을 갖게 함으로써, 학교폭력 예방능력을 길러주는 것이 목적이다.

  이 프로그램은 학교폭력의 예방적 차원에서 또래관계, 의사소통, 문화 등 기본교육을 실시하고, 학교폭력에 노출될 수 있는 학생들에게 실질적인 도움이 되기 위해 사례별 구체적인 대처요령을 제시하고 있다. 뿐만 아니라, 인간의 행동을 결정하는 인지, 정서, 행동의 세 가지 측면을 모두 다루고 있어 학교폭력 예방프로그램의 기본적인 구성요소를 충족하고 있다.

찾아보기

저자약력

장석헌(張錫憲)
동국대학교 경찰행정학과(석·박사)
경찰대학 치안정책연구소 연구위원
경찰청 4대 사회악 근절정책 자문위원
법무부 범죄피해구조본부심의회 위원
한국범죄심리학회 회장 역임
한국공안행정학회 회장 역임
피해자포럼 회장 역임
한국경찰학회 회장
(현) 순천향대 경찰행정학과 교수

〈주요저서 및 논문〉
범죄심리학(청목출판사, 공역, 2010)
지역사회안전을 위한 경찰의 범죄예방에 관한 연구(2010)
경찰의 디지털 포렌식 실태와 개선방안(2013)
아동학대예방을 위한 정책적 대응방안에 관한 연구(2014)
경찰의 피해자보호 여건과 실태분석을 통한 발전방안 연구(2015)
경찰의 범죄피해자 신변보호 위험성 평가도구에 관한 연구(2016)
비트코인관련 범죄유형별 사례분석 및 대응방안(2017)
극단주의에 관한 연구: 극단주의 테러범의 심리를 중심으로(2018)
해양경찰공무원의 정신건강 증진방안에 관한 연구(2019)
EU에서의 지하드 테러리즘 실태 및 대응에 관한 연구(2020)

제3판
청소년비행대책론

초판발행	2015년 3월 31일
개정판발행	2019년 8월 20일
제3판발행	2023년 8월 31일

지은이	장석헌
펴낸이	안종만·안상준

편 집	사윤지
기획/마케팅	정연환
표지디자인	이수빈
제 작	고철민·조영환

펴낸곳	(주) **박영사**
	서울특별시 금천구 가산디지털2로 53, 210호(가산동, 한라시그마밸리)
	등록 1959. 3. 11. 제300-1959-1호(倫)
전 화	02)733-6771
f a x	02)736-4818
e-mail	pys@pybook.co.kr
homepage	www.pybook.co.kr
ISBN	979-11-303-1853-0 93350

정 가   19,000원